이 보배를
질그릇에 가졌으니

Kathryn Kuhlman

A Glimpse into GLORY

Copyright © 1997 by The Kathryn Kuhlman Foundation
Originally published in English under the title
"*A Glimpse into Glory*"
by Bridge-Logos Publisher
North Brunswick, NJ 08902 U.S.A
Korean Copyright © 2002 by Grace Publisher
178-94 Soongin 2don Jongro-gu Seoul, Korea
All rights reserved

추천의 글

내가 잘 알지도 못하는 여복음전도자가 인도하는 피츠버그 집회로 한 친구가 나를 데리고 갔습니다. 그녀의 이름은 캐트린 쿨만이었습니다.

나는 나의 삶의 행로를 완전히 바꾸게 될 것들을 피츠버그의 캐트린 쿨만 집회에서 보았고, 들었고, 또한 체험했습니다.

피츠버그 제일장로교회의 셋째 줄 한 구석에서 일어났었던 그때 그 일은 하나님께서 저의 장래를 계획하신 것의 극히 일부분에 지나지 않았다는 사실을 저는 미처 깨닫지 못하고 있었습니다.

World Outreach Center
베니 힌(*Benny Hinn*) 목사

성경 이외에 저의 신앙생활에 큰 영향을 준 책은 그다지 많지 않았지만, 캐트린 쿨만 여사가 쓴 책을 읽을 때의 기억을 잊을 수 없습니다. 하나님의 기적에 대해 말하는 그 책을 읽을 때마다 눈물을 흘리며 기도하도록 뭔가 강하게 이끄는 것을 느끼고 자주 이렇게 기도드리곤 했습니다. "주님 캐트린 쿨만에게 주셨던 것을 제게도 주시옵소서." 그리고 제가 기도한 그것을 주님께서 주셨던 것입니다.

Message of Salvation Ministries
카를로스 아나콘디아(*Carlos Annacondia*)

　하나님께서 캐트린 쿨만에게 성령의 기름을 부으시사 권능의 사람으로 만드셨기 때문에 엄청난 회중들이 모여들었습니다. 캐트린 쿨만은 웬만한 남자 열 명이상의 주님의 권능을 소유하고 있었습니다. 지금 세상에 그녀만큼 능력을 가진 설교자가 열 명이나 될는지 모르겠습니다. 그녀는 이만한 권능을 얻기 위해서 대가를 치렀습니다. 그녀는 이런 권능이 자신을 외롭게 만든다고 언젠가 내게 말한 적이 있습니다. 그녀는 위대한 성령의 사람이었습니다.

New Life Bible College 학장
노벨 헤이즈(*Norvel Hayes*) 목사

CONTENTS

서 문 - 제이미 버킹햄 / 8

1. 어렴풋이 바라본 영광 / 21
2. 나는 기적을 믿습니다 / 27
3. 위로부터 나의 부르심 / 31
4. 여러 가지 방법 / 38
5. 방언 / 42
6. 하나님과 기성교회 / 49
7. 기적 / 54
8. 여성 사역자 / 59
9. 치유받지 못한 사람들은 왜입니까? / 67
10. 치유와 속죄 / 71
11. 치유의 처방전 / 75
12. 믿음 / 78

CONTENTS

13. 치유의 은사 / 87
14. 최후의 승리 / 96
15. 믿음과 적극성 / 102
16. 성공의 비결 / 109
17. 결의 / 113
18. 미주리 옥수수 빵 / 117
19. 신경증 / 124
20. 성공과 열심 / 132
21. 하나님의 권능으로 쓰러지는 것 / 139
22. 대망 / 146
23. 태만 / 153
24. 사랑의 종교 / 164
25. 상식 / 171

CONTENTS

26. 영원한 보호하심 / 176
27. 대가와 하나님의 사랑 / 186
28. 훈련과 열망 / 207
29. 풍요과 빈곤 / 214
30. 행운 / 220
31. 겸손 / 230
32. 선입관 / 238
33. 불리한 약점 / 243
34. 돈으로 살 수 없는 것 / 250
35. 약점은 변명이 안된다 / 256
36. 나의 최초의 치유 / 263
37. 죽음 후에는? / 273

서문

캐트린 쿨만에 대한 견해는 한 사람 한 사람 모두 달랐습니다. 그녀를 보았거나, 그녀의 이야기를 들었던 적이 있는 사람들은 특히 그랬습니다. 더구나 그러한 사람들은 매우 많았습니다.

그녀가 죽은 후, 오늘 날에도, 사람들은 그녀를 화제로 삼습니다. 그녀의 "겉옷"-기름 부으심-(왕하 2:13 참조)이 자기 위에 있다고 말하는 사람들도 있으며, 자기가 알고 있는 누군가 다른 사람의 위에 있다고 말하는 사람들도 있습니다.

그러나 그렇지 않습니다. 캐트린은 넘겨주어야 할 겉옷을 가지고 있지 않았습니다. 그녀는 엘리야보다 오히려 세례 요한에 훨씬 더 가까운 사람이었습니다. 그녀의 사역은 특히 성령에 대해 알지 못하는 세대에 성령을 소개하는 것이었습니다.

성령께서 그녀의 삶에서 행하신 만큼, 강력하고도, 자유롭게 - 더구나 품위있고 질서롭게 - 자신을 명백히 드러내신 것은 오순절 이래 없었습니다.

1968년 단 말라쳐크(Dan Malachuk)가 나를 그녀에게 소개해 주었습니다. 당시는 마침 그녀의 사역이 전 세계적 규모로 행해지기 막 시작했을 무렵이었습니다.

그녀의 최초의 책인『나는 기적을 믿습니다』가 출판된 후 몇 년이나 지나고 나서였습니다. 그녀는 현명하게도 자신의 사역이 견고히 확립되지 않은 동안은 책을 시장에 과다하게 내놓는 것을 거절했습니다. 그러나 이제 그녀의 준비는 다 갖추어졌습니다.

우리는 식사하기 위해 나갔는데, 작은 스테이크 집에 갔습니다. 피츠버그 근교에 있는 오하이오 강을 바라보는 언덕 위에 있는 집이었습니다. 그 저녁식사 후 - 그녀는 조금 집어먹었을 뿐이었지만 - 우리는 이야기했습니다.

그녀는 두 번째의 책인『간증』을 내게 써달라고 부탁하는 것이었습니다. 나는 매우 호기심이 발동했습니다. 왜 그런가 하면 집회에서 들리는 그녀의 과장된 음성과 틀에 박힌 행동들도 있고, 또 우리가 먹은 스테이크 대금을 자기가 100달러 짜리 지폐로 지불하겠다고 (이 사람들은 나에게 매우 친절히 대해주므로, 때로는 뭔가 조그만 것을 주려고 한다) 한 적도 있지만, 나는 그녀에게 뭔가 순수하게 영적인 것이 있음을 느꼈기 때문입니다. 남침례교에 속해 있던 나의 입장에서 보면, 그녀는 나와 정반대였습니다.

그녀는 여성 설교자이고, 치유사역을 하고 있으며, 사람들을 압도해 버리고, 감정을 솔직히 나타내는 사람이었습니다. 그렇지만 그녀는 진실로 정직한 사람이기도 했습니다.

겉과 속이 같은 사람이었습니다. 그리고 레스토랑의 웨이터들이 경외심으로 뒤로 물러나 서있을 정도로, 그녀는 하나님의 권능으로 충만해 있었습니다. 나는 그 부탁을 받아들였으며, 『하나님은 다시 한 번 그것을 행하실 수 있습니다』(God can do it again)를 집필했습니다.

그후 그것보다 작은 책도 몇 권인가 계속해서 발행되어 나왔습니다. 나는 그녀가 인도하는 기적의 집회에 수많이 출석했지만, 감히 그녀에게 지나치게 가까이 접근하지 않도록 했습니다. 그녀는 너무나도 강렬했습니다. 너무나도 위압감이 있었습니다. 나는 팔 길이 만큼 떨어져 있는 편이 좋다고 우리는 두 사람 모두 깨닫고 있는 듯했습니다.

나중에 뒤돌아보니, 그것은 나의 인생에서 행했던 적절한 결정들 가운데 하나였음을 깨달았습니다.

그녀는 자기 가까이에서 일하는 대부분의 사람을 완전히 소진시켜 버렸습니다. 나는 적당히 떨어져 있는 것으로 객관성을 유지했습니다. 그것은 내가 그녀의 전기를 쓸 때 필요케 된 것이었습니다. 또 그렇게 함으로 인해 나는 또한 내 자신의 인생을 살아갈 수 있었습니다.

어느날 밤, 내가 나의 비서와 그녀의 남편과 함께 플로리다 주 멜번(Melbourne)을 방문하고 있을 때, 전화가 울렸습니다.

"제이미, 우리가 이제 또 한 권의 큰 책을 써야 할 때가 되었어요. 여러 가지 치유의 간증들이 기록되어야 해요. 전 세계로부터 치유의 간증이 속속 도착하고 있어요."

나는 그 이전에 편지로, 이젠 더 이상 책을 쓰는 것은 불가능할 것 같다고 그녀에게 말해 두었습니다.

나에게는 의문이 가득차 있었는데, 그것은 그녀에 대한 의문이 아니고, 나 자신에 대한 의문이었습니다. 나는 단지 돈 때문에 책을 쓰고 있는 것일까? 내가 장사꾼처럼 되어버린 걸까? (왠지 한 여성으로부터 돈을 받고 책을 쓰고 있다는 생각이 남부 출신의 기질인 내 머리를 통과해 갔습니다)

그녀가 피츠버그의 칼톤 하우스의 6층 사무실에서 엘리베이터 있는 곳까지 나를 걷게 한 적은 한 번 뿐만이 아니었습니다. 내가 플로리다에 비행기로 돌아가기 전에 호텔로 돌아가려고 엘리베이터에 발을 들여놓자 그녀는 내 손에 돈을 밀어넣고 말했습니다. "자 밖에 나가서 맛있는 스테이크 사 잡수세요." 엘리베이터 문이 닫히고 내가 보니 100달러 짜리 지폐가 두 세장 있었습니다.

그녀는 정확히 그런 사람이었습니다. 나는 그것이 좋았습니다. 또한 나는 그것이 싫었습니다. 그래서 나는 그녀에게 편지를 써서 "이제 더 이상 책을 쓸 수 없습니다."라고 말해두었던 것입니다.

그녀는 다른 몇 사람인가의 작가에게도 이미 시도했지만, 그녀가 좋다고 한 사람은 한 사람도 없었습니다.

그녀는 나에게 계속해서 의뢰했습니다. 그리고 나는 계속해서 거절했습니다.

그러던 어느날 밤, 내가 왓슨(watson)에서 저녁을 먹고 있었을 때, 그녀에게서 전화가 걸려 왔습니다.

"한 권만 더 부탁해요. 이 말씀(this word)은 전세계로 퍼져나가야 합니다. 하나님은 지금도 여러 가지 기적을 행하시고 계십니다."

『하나님과 함께 불가능한 것은 없다』(Nothing is impossible with God)는 재미있는 책이었습니다. 이전과 마찬가지로 그녀는 나에게 치유함을 받는 사람들의 이름을 넘겨주었고, 나는 전국을 여행하기 시작했습니다.

사람들을 인터뷰 했습니다. 의사들과 이야기했습니다. 사실을 조사하여 확인했습니다. 그녀가 인도하는 기적의 집회에도 참석했습니다. 그리고 집에 돌아와서 그 믿을 수 없는 듯한 간증들을 종이에 기록했습니다. 확실히 하나님은 지금도 여전히 사람들을 치유하시고 계셨습니다. 그 뿐만 아니라, 나는 이 여인을 다시금 존경하게 되었습니다.

그녀 위에 하나님의 기름부으심이 임하여 머물러 계시는 것처럼 생각되었습니다.

내가 그녀와 함께 있으면 있을수록, 그녀는 "나를 돈으로 매수한 것"이 아님을 점점 더 분명히 알게 되었습니다.

그녀는 정확히 그런 사람이었습니다. 그녀는 돈 쓰는 방법, 그녀의 옷 입는 것, 그러한 것들은 사람들의 주의를 끌기 위해 겉치장하는 속임수가 아니었습니다. 나는 전에, 진정으로 물질주의(materialism)의 장벽을 초월한 사람을 만났던 적은 거의 없었습니다. 그녀는 그 중의 한 사람이었습니다. 그녀는 돈(그녀는 많은 돈을 가지고 있었습니다)을 하나님의 선물로 보고 있었습니다. 그녀는 하나님의 다른 선물을 사용하는 것과 마찬가지로 돈을 사용했습니다. … 지혜롭게, 그러나 관대하게 사용했습니다.

나는 다른 조그마한 책도 몇 권 썼습니다. 그것을 통해 나는 그녀와의 접촉을 계속 유지하게 되었으며, 하나님의 기적과 능력을 직접 볼 수도 있었습니다.

그녀의 몇 가지 가르침을 책으로 쓰게 해 달라고 나는 몇 차례나 그녀에게 부탁했습니다. 대부분의 사람들은 그녀를 기적의 여인으로 밖에 모르고 있지만, 한편으로 하나님 나라에 대해 그녀가 행한 가장 영속적인 공헌(성령을 모든 교회에 초청해 들이기 위해 문을 연 것 이외)은 그녀의 가르침이라고 나는 느꼈습니다. 오랜 세월에 걸쳐서 그녀는 피츠버그 제일장로교회에서 매주 성경연구를 지도해 왔습니다. 그녀가 진행하는 매일의 라디오 방송은, 진리와 재치(wit)의 보물이었습니다. 나는 그녀의 사역 가운데 치유받은 사람들의 간증을 전하는 것과 함께, 그녀가 말한 지혜를 포착하여 책으로 써내고 싶은 마음이 간절했습니다.

결국 그녀는 동의했습니다. 그녀의 비서가 테이프가 들어있는 큰 상자를 나에게 보내왔습니다. 그것은 그녀가 진행한 라디오 프로그램의 샘플들이었습니다. 나는 그것들을 써내고, 편집하고, 그 중의 몇 개인가를 짧은 가르침으로 이루어지는 몇 개의 장(chapter)으로 요약했습니다.

수 개월이 지난 후, 나는 피츠버그에 가서 나의 원고를 그녀에게 건네 주었습니다. 그녀는 사무실 모퉁이에 있는, 꽃 무늬 장식이 있는 큰 소파에 앉아 있었습니다.

그녀가 그 짧은 원고를 읽는 동안, 나는 그녀의 표정을 살피면서, 곁에 앉아 있었습니다. 그녀는 어떤 것을 숨길 수 없었습니다. 그녀가 거짓을 말하거나 혹은 속마음과 달리 겉으로 가장하는 것은 있을 수 없는 일이었습니다.

그녀가 거짓을 말하는 유일한 가능성은, 거짓말을 믿어버린 경우 뿐이었습니다. 그녀는 때때로 그럴 때도 있었습니다.

그러나 그날 오전, 그녀는 전혀 겉과 속이 동일했습니다. 그녀는 그 원고를 소파에 내던지고 꼬고 앉았던 다리를 풀고 똑바로 일어섰습니다. "안되겠어요." "이것으로 안돼요."하고 그녀는 말했습니다. 나는 잠자코 있었습니다. 그녀는 선 채로 나를 내려다 보았습니다. "물어보겠습니다. 당신이 쓴 것처럼, 내가 정말 그런 식으로 들립니까?"

나는 쓴 웃음을 견딜 수가 없었습니다. 나는 소파에서 일어나서 그녀를 보고 말했습니다. "진짜는 그렇지 않습니다. 내가 편집한 것은 당신이 미주리 주에 있을 때의 콧소리이지요." 그녀는 웃었습니다.

매우 큰 소리로, 쉰 목소리로 웃었습니다. "나도 그렇다고 생각했어요."라고 그녀는 말하고 비서들 중 한 사람을 보았습니다.

"나는 지금도 여전히 미주리 옥수수 빵이야. 내가 콘코디아에서 어렸을 때는 그런 식으로 말했지. 게다가 천국의 진주문에서 베드로를 만났을 때도 그런 식으로 말하게 될거야."

그녀는 사무실 쪽을 뒤돌아 보면서 말했습니다.

"안됩니다. 하나님께서 만져주신 사람들의 간증을 쓰는 것에 집착합시다. 내 이야기라든가, 내가 말하는 것이 누군가의 관심의 표적이 된다고는 생각치 말아요."

그렇지만 그녀는 틀렸습니다. 사람들은 그녀에게 관

심이 있었습니다.

  지금도 그렇습니다. 그렇기 때문에, 수 십만명의 사람들이 그녀의 전기인 "운명의 딸(daughter of destiny)"을 구입했습니다. 참으로 그녀가 어떤 사람인가를 사람들은 알고 싶었습니다. 그러나 그녀가 무엇을 행하였는가 보다도, 그녀가 무엇을 말했는가 하는 쪽이 훨씬 더 중요합니다.

  1976년 그녀가 죽기 전에, 그녀는 나에게 "모든 것을 말하도록" 부탁했습니다. 나는 그 "운명의 딸"을 쓴 것으로 그것은 이미 끝났다고 생각하고 있었습니다.

  사실 나는 너무나 많은 것을 썼기 때문에 많은 사람들이 당황했을 정도였습니다. 그러나 그것이 캐트린이 바라던 것임을 나는 알고 있었습니다. 그리고 나는 내가 그것을 쓸 수밖에 없다는 사실도 알고 있었습니다. 정직히 말해서 거기까지 하지 않았다면, 그녀가 사랑하고 경배해왔던 하나님께 영광을 돌려 드리기 보다도, 오히려 캐트린에게 영광을 가져다 주게 되었을 것입니다.

  그러나 "모든 것을 밝힌다(tell it all)"는 것은 그녀의 생애에 대해서 말할 뿐만이 아님을 이제 나는 압니다.

  그것은 그녀가 말했던 것을 여러분과 함께 나누는 것이기도 합니다.

이 책에 수록된 메시지는 그녀가 라디오에서 말한 수많은 가르침으로부터 주의깊게 발췌하여 편집한 것입니다. 이러한 메시지들은 그녀가 미국내 도처에서 설교해 왔던 가장 훌륭한 메시지 중 대표적인 것들이기도 합니다.

 그 중에는 아직 책으로 간행되지 않은 것도 있는데, 그런 것들은 그녀가 잡지와 신문에 기고했던 것과 인터뷰의 테이프로부터 받아 기록한 것입니다.

 군데 군데 미주리 주 옥수수 빵과 같은 어조가 있습니다만 그것은 제 탓이 아닙니다. 그녀는 그러한 사람이었습니다. "정확히 그러한"이라고 그녀는 자주 말했습니다. 조그만 마을의 한 소녀는 이 세상에 있는 한 도시의 시민이 되었을 뿐만 아니라, 하나님 나라에서 예언적 지도자도 되었습니다.

 그녀가 말했던 것, 그리고 지금도 여전히 말해지는 메시지는 우리에게 진정한 캐트린 쿨만의 모습을 비추어 줄 뿐만 아니라, 그것보다 훨씬 더 중요한 것… 어렴풋이 영광을 보는 것(glimpses into glory)을 제공해 주고 있습니다.

제이미 버킹햄 (*Jamie Buckingham*)
멜번 플로리다

 # 이 보배를 질그릇에 가졌으니
(A Glimpse into Glory)

1. 어렴풋이 바라본 영광

나는 오랫동안 나에 대해 쓰여진 것과 나에 대해 말해진 것과는 관계하지 않는 것을 원칙으로 해 왔습니다. 나를 비판하는 사람들과 혹은 나의 지지자들이 말하는 것에 귀를 기울이면 나는 금새 허물어져 버리게 될 것입니다. 나는 자신이 세계에서 가장 유명한 여성 설교자라고 생각한 적은 지금까지 한 번도 없습니다. 사실 나는 "설교자"라는 표현으로 나 자신을 결코 생각하지 않습니다. 그러므로 나는 "선생(Reverend)"이라는 말을 결코 사용하지 않습니다. 나는 나 자신을 여성 설교자라고는 정말 생각하지 않습니다. 제가 하는 말을 믿어 주십시오. 나는 영혼(soul)을 사랑하는 지극히 평범한 사람입니다. 나는 사람들을 사랑하며, 나는 사람들을 도와주길 원합니다. 그렇게 단순한 것입니다.

사람들을 돕는 것은 이 세상에서 가장 가치있는 일입니다. 여러분은 사람들을 돕기 위하여, 또 한 명의 캐트린 쿨만이 될 필요는 없습니다. 그리스도인이라면 누구라도, 모든 거듭난 남녀는 누구라도 삶의 목표는 사람들을 돕는 것이 되어야 합니다. 하나님의 자녀들이 태어나는 것은 섬기기 위해서입니다. 그것은 예수님이 하셨던 것입니다. 예수님은 섬기시기 위해 사셨습니다. 그리고 만일 당신이 거듭난 남자 또는 여자라면, 당신도 역시 사람들을 섬기고 돕는 것을 자기의 책임이라고 느낄 것입니다. 그것은 이 세상에서 가장 가치있는 일입니다.

지난 해 크리스마스 때, 내가 받았던 카드와 선물들 중 매우 커다란 산타클로스가 그려진 예쁜 카드가 있었습니다. 그것은 12살 짜리 소녀가 보내온 것이었습니다. 그 소녀는 의사들로부터 아마 크리스마스까지 살지 못할 것이라는 이야기를 들었습니다. 그 소녀의 발에 생긴 암 때문에, 의사들은 발을 절단하려고 했습니다.

그렇지만, 그 소녀가 내게 보낸 카드에는 이렇게 쓰여 있었습니다. "나는 살아 있어서 이번 크리스마스를 맞으려 합니다. 나에게는 여전히 두 발이 있습니다. 하나님이 기도를 들어주셨고, 그리고 또 당신이 도와주셨기 때문입니다." 내가 그 크리스마스 카드 위에 흘린 눈물은 여러분에게는 말할 수 없습니다. 그것은 내가 받았던 가장 놀라운 선물이었습니다. 크리스마스 트리 꼭대기에 천사를 다는 사람도 있으며, 아름다운 장식들을 단 사람도 있습니다. 그렇지만 나에게는 모든 선물들 중에서 가장 아름다운 선물이 있었습니다. 나는 그 소녀의 카드를 나의 트리 꼭대기에 달았습니다.

가치있는 일입니까? 내가 느꼈던 것을 돈으로 살 수는 없습니다. 나는 커다란 기적의 집회에서 강단을 향해 걸어나올 때, 그 회중들 가운데, 그곳까지 오기 위해 큰 희생을 치른 남자와 여자들이 앉아 있다는 사실을 깨닫습니다. 그들 중 많은 사람들에게 그 집회는 최후의 희망입니다. 의사들은 이미 그들을 포기했습니다. 의학적으로는 희망이 전혀 없습니다. 그렇지만 나는 육체의 치유를 초월하여, 그 너머를 바라봅니다. 영적인 치유는 육체의 치유보다 훨씬 더 위대한 것을 나는 알고 있습니다. 그러므로 나는 기적을 믿고는 있지만, 그보다도 훨씬 중요한 것은 영적 치유(구원)로 사람들을 초청하는 것임을 나는 알고 있습니다. 왜냐하면 그것이 그들이 구원받는 최후의 기회가 될지도 모르기 때문입니다.

육신의 치유는 전혀 부차적인 것입니다. 저의 말을 믿어 주십시오. 당신은 몸이 치유받지 못하고 병을 가진 채로 죽게 될지도 모릅니다. 그러나 집회의 마지막 종료 시간이 다가오고, 성령께서 말씀하실 때, 영적인 치유는 가장 위대한 육체적 치유보다도 훨씬 위대하다는 사실을 언제나 기억합니다. 육체가 암으로부터 치유받는 것을 보는 것은 놀라운 일입니다. 사람이 휠체어에서 나와 일어서서 빈채로 옆으로 비켜져 있는 휠체어를 바라보는 것은 놀라운 일입니다. 그렇지만 그것보다 훨씬 위대한 것이 있습니다. 그것은 거듭남의 경험입니다.

큰 집회가 끝나는 마지막 순간, 나는 그곳에 서서 구원을 위한 초청을 하면, 하나님으로부터 최후의 초청을 받는 사람들이 있을지 모른다고 영적으로 깨닫습니다. 더구나, 그 영혼에게는 중대한 운명의 순간입니다. 사랑하는 여러분, 그것은 매우 경외스러운 감각입니다. 진실로 커다란 책임감이 느껴지는 시간입니다. 그리고 큰 집회장의 조명이 꺼질 때 나의 관심은 단지 나는 힘을 다했는가, 나는 자신이 오늘 행하였던 사역보다 훨씬 좋은 사역이 가능했던 것은 아니었을까 하는 것 뿐입니다.

기적이 행해지는 것에 대해서가 아니라 (나는 단 하나의 기적도 행할 수 없습니다) 많은 사람들을 예수 그리스도께 초청하는 것에서 더 좋은 사역이 될 수 있었던 것은 아닐까 하는 것입니다.

오 분명하게, 육체의 치유를 구해서 오는 사람들에 관해서는 책임이 있습니다. 나는 단지 한 인간에 지나지 않으며, 책임은 너무나도 크므로, 나는 이러한 사역에 부르심을 받지 않았더라면 좋았을텐데 하고 때때로 생각할 정도입니다. 그 책임감에 압도당해 버릴 것만 같은 때도 있습니다. 힘든 일은 아닙니다. 나는 강단 위에 네 시간 반 동안 서 있어도, 결코 피곤함을 느끼지 않는 것은 성령님께 완전히 양도해 드리기 때문입니다. 그 책임의 무거운 짐이 온몸을 바싹 마르게 합니다.

　캐트린 쿨만이 치유의 능력을 전혀 가지지 않는 것은 다른 누구보다도 내 자신이 가장 잘 알고 있습니다. 나는 믿음의 치유자(faith healer)가 아닙니다. 제발 그것을 이해해 주십시오. 나는 치유의 능력을 전혀 가지고 있지 않습니다. 나는 전에 누군가를 치유한 적은 단 한 번도 없습니다. 그것을 알아주십시오. 나는 성령님의 권능, 하나님의 능력에 절대적으로 의지합니다. 나는 병든 자들 앞에 서서 내 자신의 몸에서 발산되어 나오는 권능을 그들에게 줄 수 있다면 좋을텐데 하고 생각하면서 흐느껴 외쳤습니다. 그렇지만 성령님 없이 내가 줄 수 있는 건 아무것도 없습니다. 나는 나의 육신의 아버지를 기억합니다. 아버지는 열심히 일하셨던 분입니다. 내가 어렸을 때, 아버지는 양손을 펴고, 이렇게 말했던 것을 기억합니다. "너도 알겠지만, 자기 손으로 충분히 열심히 일하기만 하면 이 세상에서 네가 원하는 어떤 것도 가질 수 있단다."

　그 말은 내게 매우 강한 인상을 주었습니다. 아버지는 열심히 일하는 사람이었기 때문입니다. 나는 일하는 것, 더구나 열심히 일하는 것을 배워 왔습니다. 그러나 아버지는 성령의 일(work)에 대해서는 전혀 이해하시지 못했습니다. 나는 아무리 힘든 일을 해야 한다고 해도 내 육체가 나의 뼈로부터 분리될 때까지 일하리라 생각하면서, 사람들 앞에 서왔습니다.

한 아버지가 암이나 장애가 있는 어린 자녀와 함께 서 있는 것을 내가 볼 때, 그리고 그 큰 체구의 강건한 남성의 볼에서 굵은 줄기의 눈물이 흘러내리는 것을 볼 때, 그 아이가 살 수 있다면 내 생명이라도 기쁘게 내놓을 것입니다. 그렇지만 내게는 그런 능력이 전혀 없습니다. 열심히 일하는 것이 치유를 나누어 주지는 못합니다. 그리고 그러한 순간들, 내가 얼마나 하나님의 능력에 의존하고 있는가는, 다른 누구보다도 내 자신이 가장 잘 알고 있습니다. 그것은 마치 이와 같은 것입니다.

사람들은 이렇게 묻습니다. "두근 두근하는 경험 아닙니까? 이러한 책임 있는 사역을 위해 하나님이 택하신 것이겠지요?"

아닙니다. 두근 두근(thrilling)하는 것이 아니고, 경외감으로 두려워 떠는(awesome) 것입니다. 너무나도 경외감을 불러 일으키므로, 나는 부르심을 받지 않았으면 좋았을텐데 하고 생각할 때도 때때로 있습니다. 그러나 책임과 함께 크리스마스 때 그 어린 소녀의 카드 같은 보상도 옵니다.

그리고 내가 이 사역으로 자신을 다 불태우고 죽는다 해도 나는 행복하게 그리고 만족하게 죽을 것입니다. 왜냐하면 나를 부르신 위대한 하나님은 그분의 영광을 어렴풋이 볼 수 있게 해주셨기 때문입니다.

2. 나는 기적을 믿습니다

사실대로 말씀드리면, 나는 내가 받는 어떤 질문에도 대답합니다. 질문에 대답해 주는 것으로, 나만큼 정직한 사람은 오늘날의 그리스도인 세계(religious field)에는 없을 것입니다.

그리고 그말은 진실로 그렇습니다.

나는 여러분에게 완전하게 정직하고 싶습니다. 나는 내 마음을 여러분께 털어놓습니다. 비판자들과 의심이 많은 자들에게 대답하는 것에 관해 나는 사실 다음과 같이 말씀하셨던 예수님처럼 되고 싶다는 생각을 합니다.

"네가 만일 나는 내가 말하는 그대로임을 믿지 못하겠거든 내가 행하는 일을 보고 나를 믿으라."

그것이 예수님의 유일한 대답이었습니다. 그리고 그것은 나의 대답이기도 합니다. 그렇지만 정직한 대답을 구하는 정직한 사람들에게, 나는 마음 터놓고 말씀드립니다.

만일 주님께서 친히 사람으로 되돌아오셔서, 이 지상에서 사람으로서 걸으셨던 때에 행하신 것과 동일한 사역을 오늘날 행하신다면, 주님이 맨 처음 지상에 오셨을 때 이상으로 많은 의심하는 사람들을 만나게 될 것입니다. 당시 사람들은 오늘날 만큼 "세상지식"을 가지고 있지 않았습니다. 그렇지만 기술의 진보로 인해, 우리는 모든 능력의 근원이 하나님께 있다고 믿기보다, 자신들을 믿는 경향이 훨씬 커져 있습니다. 여러분도 아시듯이, 예수님은 이렇게 말씀하셨습니다.

"이를 네게 알게 한 이는 혈육이 아니요 하늘에 계신 내 아버지시니라" (마 16:17)

영적인 것은 다만 영적으로 계시되는 것입니다. 사람이 믿고 싶어하지 않는 것을 무리하게 억지로 믿게 할 수는 없습니다. 만일 당신이 전능하신 하나님의 절대적인 능력을 믿고 싶지 않다면, 만일 당신이 하나님께서 치유하시는 권능을 가지고 계신다는 사실을 믿고 싶지 않다면, 가령 누군가가 당신의 눈 앞에서 죽음에서 살아났을지라도 당신은 여전히 믿으려고 하지 않을 것입니다. 사람들은 자기가 믿지 않은 것에 대한 변명거리를 찾습니다. 왜냐하면 기적을 믿는 것은 하나님을 믿는 믿음을 우리가 가졌음을 의미하기 때문입니다.

그리고 만일 하나님이 기적의 하나님이라면 우리는 그분께 순종해야 합니다. 우리는 하늘과 땅을 창조하신 하나님을 순종하지 않고, 오히려 자신의 죄많은 본능을 따르려 합니다. 그래서 기적을 보고도 "아마 그것은 정신 치료였을 거야." 라든가 "그 사람은 최면술에 걸렸던 거야." 또는 "어딘가 덫이 있어."라는 식으로 말하고 싶어합니다.

그러므로 나는 비판적인 사람과 의심 많은 사람들에 관해서는 하나님께 맡겨 드립니다. 그렇지만 질문에 답하는 것에 이르면, 나는 믿는 자와 불신자의 질문에 대해서 내가 아는 한 최선의 대답을 해줍니다. 기적에 대해 물어오는 사람들과 이야기하는 것이 나로서는 매우 어려운 것일 때도 종종 있습니다. 그 사람이 성령의 권능에 대해서 아무것도 모르며 영적인 것들에 대해서 아무것도 모르기 때문입니다. 그런 사람은 매우 현명하고 지적인 사람일 수도 있습니다. 그러나 영적인 것에 관해서는 그가 알고 있으리라고 생각하고 대답하려고 해도, 돼지 앞에 진주를 던지는 것과 같은 일이 자주 있습니다. 그는 이해하지 못할 뿐만 아니라, 자신의 생각에 맞도록 사실을 왜곡해 버립니다. 그러므로 나는 그런 사람들도 하나님의 손길에 맡겨 드립니다.

어느 날, 플로리다 주 세인트 피터즈버그(St. Petersburg)에서 기자 한 명이 찾아 왔습니다. 그녀는 탐파

(Tampa)에 있는 커티스 힉슨 홀(Curtis Hixon Hall)에서 열렸던 기적의 집회에 참석하고 있었습니다. 그녀는 집회 후, 나의 드레싱 룸에 와서, 눈에 눈물을 머금고 말했습니다. "나는 의심하는 마음으로 왔지만, 이제는 믿는 자가 되어서 돌아갑니다."

기적은 바로 그런 이유로 존재합니다. 기적을 위한 기적은 없으며, 불신자를 주 예수 그리스도를 믿고, 그리스도께 맡기는 자가 되도록 인도하기 위해서 기적이 있는 것입니다.

3. 위로부터 나의 부르심

나는 최초 미주리 주 콘코디아에 있는 그 조그마한 감리교회로 돌아갔습니다. 그 교회는 내가 회심한 장소입니다.

나는 캔자스시티 오페라 하우스에서 집회를 열고 있었습니다. 나는 스탭들을 모두 데리고 콘코디아까지 자동차로 갔습니다. 나는 그들에게 말했습니다.

"오, 여러분들은 내가 예수님을 처음 영접한 장소를 꼭 보아야 합니다."

나는 솔직하게 말씀드리지만, 그 조그마한 감리교회가 세월이 지나면서 더욱 조그만해져 버린 것을 보았을 때, 나는 매우 충격을 받았습니다. 그 교회가 나에게 매우 크게 보였던 때가 있었습니다. 그것은 마치 대성당(cathedral)처럼 보였습니다. 하지만 실제로는, 75명이나 100명 정도 밖에 앉을 수 없음을 알았습니다. 나는 그 작은 현관으로 걸어 들어갔습니다. 집회 시간을 알리는 처음 종, 두 번째의 종, 그 종을 울렸던 그 종줄(rope)이 그때 그대로 있었습니다.

마을에서 누군가가 죽었을 때, 언제나 울렸던 바로 그 종이었습니다. 종이 한 번 울리면 아이가 죽었다는 것이고, 두 번 울리면 어른이 죽었다고 것이었고, 노인이 죽었을 때는 세 번 울렸습니다. 이렇게 하여 누구든지 전화기로 달려가서 "누가 죽었습니까?"라고 묻곤 했습니다. 미주리 주 콘코디아는 이런 곳이었습니다.

그날 오후, 나는 그 교회 안으로 들어갔습니다. 옛날 그 의자가 아직 그대로 있었습니다. 예나 다름없는 난간과 강단이 거기 있었습니다. 그 조그마한 교회는 정말 바뀐 게 아무것도 없었습니다.

그렇지만 나는 얼마나 많이 변해 버렸는지요. 나는 오래 전 어느 일요일 아침을 기억해 냈습니다. 나는 거기서 감리교 찬송가를 손에 들고 어머니 옆에 서 있었습니다. 어머니 가계의 사람들은 모두 감리교였습니다. 할아버지 웰켄 호스트는 세상을 떠날 때까지 줄곧 그 교회에 출석했으며, 또 같은 자리에 앉으셨습니다. 그는 감리교 사람들만이 천국에 갈 수 있다고 믿으면서 살았고, 또한 그렇게 믿으면서 죽었습니다. 그때 이후로 나는 만일 할아버지 웰켄 호스트가 천국에 갔다면 천국에는 침례교인도, 장로교인도, 루터파 사람도 있는 것을 보고 틀림없이 충격을 받을 거라고 생각한 적도 종종 있었습니다.

나는 할아버지가 천국의 어떤 것에도 잘 순응할 수 있었는지는 잘 모르겠습니다. 여하튼 그 일요일 아침은 내가 처음으로 성령을 만났던 때입니다. 나는 삼위 일체의 세 번째 위격이신 분에 대해서는 아무것도 알지 못했습니다만, 그분께서는 내가 죄인이라는 사실을 깨달도록 큰 설득력으로 내게 임하셨습니다.

나는 그곳에 서서, 감리교 찬송가를 손에 들고, 커다란 정죄감으로 떨기 시작했습니다. 그때 나는 겨우 열네살이었습니다. 그래서 나는 행해야 할 것으로 단 한 가지 밖에 몰랐습니다. 나는 서 있던 곳에서 앞으로 나아가, 맨 앞줄까지 가서, 구석자리에 앉아 울었습니다. 그것은 슬픔 때문이 아니라, 나에게 임했던 놀라운 느낌 때문이었습니다. 무언가가 나에게 일어났던 것입니다.

사람은 영적 경험을 정확하게 잘 표현할 수 없습니다. 실제로 그것은 영적인 것이기 때문입니다.

인간의 어휘에는, 영적인 것을 표현할 만한 단어가 없습니다. 그렇지만 나는 압니다. 정확히 그 순간, 나는 거듭났습니다. 나는 그 순간부터 지금에 이르기까지 내가 거듭남에 대해 의심했던 적은 단 한 번도 없습니다. 나에게 뭔가 일어났음을 알았습니다. 내 죄가 용서받았음을 알았습니다. 보혈로 나의 죄가 덮였음을 나는 알았습니다. 그 순간 예수 그리스도는 내 마음에 실체가 되셨습니다.

사역에 대한 나의 부르심은 정확히 나의 회심 만큼이나 분명했습니다. 나는 여자이기 때문에 강단에 서서 복음을 전할 권리가 없다고 나에 대해 말하고 싶은 것을 무엇이든 말할 수 있습니다. 그러나 전 세계의 모든 사람이 그렇게 말한다 해도, 나는 전혀 어떤 영향도 받지 않습니다. 왜냐구요? 이 사역에 대한 나의 소명은 나의 회심만큼이나 분명했기 때문입니다. 그만큼 분명했습니다.

나는 아이다호 주에서 맨 처음 설교를 했습니다. 나는 그곳의 농부들에게 설교했습니다. 아이다호의 어떤 마을이든 조사해 보면, 전에 캐트린 쿨만이 복음 전하러 방문했다는 사실을 알 수 있을 것입니다. 당시 나는 한 사람의 설교자도 부양할 형편이 되지 않아서 문을 닫아둔 조그만 시골 교회를 찾곤 했습니다. 나는 그 교회 집사들, 또는 관리인, 또는 성도들에 가서 설교할 수 있게 해달라고 부탁했습니다.

나는 어느 침례교회의 관리인에게 가서 말했던 적을 기억합니다. "무엇 때문인지 교회가 닫혀진 것 같군요. 나는 아무것도 필요하지 않습니다. 어쩌면 조금 사례를 드릴 수 있을지도 모르겠습니다." 이렇게 하여 그는 그 교회에서 내가 집회를 열 수 있도록 허락해 주었습니다. 당시는 이런 식으로 하여 나는 초기의 영적 훈련을 받았습니다.

내가 알고 있었던 설교는 구원, 즉 거듭남의 체험에 대한 것뿐이었습니다. 사람은 누구라도 자기가 경험한 것밖에 줄 수 없습니다. 내가 알고 있었던 것은 콘코디아의 그 조그마한 감리교회에서 경험했던 것뿐이었습니다.

　내가 처음으로 한 설교는 삭개오가 나무에 올라간 이야기였습니다. 그리고 하나님은 아시지만, 나무에 올라간 적이 있는 사람이 있다면, 그 설교를 했을 때, 내가 틀림없이 그랬던 사람이었습니다.

　나는 여섯 번째 설교를 한 후, 이제 성경을 전부 이야기해서 더 이상 할 것이 없음을 느꼈던 것을 잘 기억합니다.

　나는 정직히 여러분들께 말씀드립니다. 더 이상 설교할 것이 없다고 느꼈습니다. 여섯 번째 설교를 한 후에 말입니다.

　나는 삭개오에 관한 설교를 계속했습니다. 나는 천국에 관한 설교를 계속했습니다. 나는 지옥에 관한 설교를 계속했습니다. 나는 하나님의 사랑을 계속 설교했습니다. … 여러분도 아시리라 생각합니다만, 이 이상 더해야 할 설교가 무엇일까요?

　그렇지만, 해가 오고 해가 지남에 따라, 하나님의 말씀의 깊은 진리는 결코 고갈되지 않음을 알게 되었습니다.

나는 사도 바울이 자신은 복음을 전하기 위해 하나님의 부르심을 받았다고 말했을 때, 그것이 어떤 것이었는지, 나는 매우 잘 압니다. 하나님께서 왜 나를 부르셨는지 나는 모릅니다. 내가 복음을 전하기 위해 택함을 받은 건 왜일까? 나는 정말 전혀 알지 못합니다. 나보다 더 뛰어난 사역을 할 수 있는 사람은 틀림없이 수 백만이나 있을 것입니다. 나보다도 더욱 준비가 갖추어진 사람들이 수 백만이나 될 것입니다. 내가 말할 수 있는 유일한 이유는 나는 아무것도 가지고 있지 않다는 사실을 알았다는 것과, 나는 내가 어디서 왔는지 결코 잊지 않았다는 사실뿐입니다.

당신이 아무것도 가지고 있지 않을 때, 그리고 당신이 아무것도 가지고 있지 않다는 것을 인정할 때, 그때 위를 올려다보며 이렇게 말하는 것은 매우 쉬운 일입니다.

"주 예수님 만일 당신이 아무것도 아닌 것을 취하실 수 있으시다면, 그것을 사용하여 주시옵소서. 내 손을 취하시옵소서. 나의 음성을 취하여 주시옵소서. 내 마음을 취하시고, 내 육체를 취하시옵소서. 나의 사랑을 취하시옵소서. 그것은 내가 가진 모든 것이옵니다. 당신이 그것을 사용하실 수 있다면 나는 그것을 당신께 드리나이다."

그리고 지금까지 주님은 아무 것도 아닌 나를 취하시고, 그것을 자신의 영광을 위해 사용해 오셨습니다. 주님께서 구하시는 것은 금그릇이 아닙니다. 은그릇도 아닙니다. 항복한 그릇, 바쳐진 그릇입니다.

그 비결은 주님께 항복하는 것(yieldedness)입니다.

언젠가 나는 최후의 설교를 하게 될 것이며, 최후의 기도를 드리게 될 것입니다. 그리고 나는 그분의 영광스런 임재 앞에 서게 될 것입니다.

오, 나는 그것을 거듭 거듭 반복하여 생각해 왔습니다. 나는 지금까지 오랜 기간 사랑해 왔지만, 아직 한 번도 뵌 적이 없는 분을 비로소 만나뵈올 때, 나는 그분께 드리는 첫마디로 무엇을 말할까 하고 생각해 보곤 했습니다.

그분의 영광스런 임재 앞에 설 때, 나는 무슨 말을 하게 될까요. 그분의 아름다운 얼굴을 뵈올 때, 내가 그분께 드릴 첫마디를, 아뭏든 나는 알고 있습니다.

"사랑하는 예수님 나는 노력했습니다. 나는 완전한 사역을 하지 못했습니다. 나는 인간이고 실수를 해왔기 때문입니다. 실패도 있었습니다. 죄송합니다. 그러나 저는 최선을 다했습니다."

그러나 그분은 그것을 이미 아시고 계십니다.

4. 여러 가지 방법

주님의 재림을 늦추어 주신다면 하나님의 백성들이 복음을 확장시키기 위해 사용할 수 있는 발달한 과학 기술이 생겨나게 될 것입니다. 그렇게 되기까지는 우리는 우리가 가진 것을 사용합니다. 그리고 지금까지 내가 발견한 가장 효과적인 방법은 라디오와 텔레비전입니다.

우리의 사역에서 사람들의 반응을 기초로 나는 그렇게 말하는 것입니다.

그래도 내가 받은 많은 편지는 내가 초청할 때 앞으로 나오는 사람들의 수만큼 됩니다. 여러분은 일요일 예배에서 회심한 사람이 500여명 있었다고 캐트린 쿨만이 말하는 것을 들은 적은 없었을 것입니다. 앞으로 나아온 사람이 500명이었다고 나는 말할 수 있지만, 진정으로 회심한 사람은 하나님만이 아십니다.

내가 받은 편지의 수에 대해서도 같은 말을 할 수 있

습니다.

텔레비젼에서 보는 어떤 것에도 사람들은 반응합니다. 어떤 것에도 나는 신경쓰지 않습니다. 하지만 다음과 같이 편지로 써오는 사람들이 매우 많은 것에는 놀라지 않을 수 없습니다.

"나는 지금까지 이런 편지를 써 본 적이 없습니다. 나는 거듭나고 싶습니다. 나는 당신의 텔레비전 방송을 보았습니다. 나는 영적 체험에 대해 갈급합니다. 이 세상 다른 무엇보다도 나는 그것을 더욱 원합니다."

아시다시피, 우리가 진행하는 방송은 보통 방송과는 다르다고 생각합니다. 우리는 무료로, 책이나, 보석류, 사진 또는 기도 천(prayer cloths)을 주는 일을 하지 않습니다. 사람들이 우리에게 편지를 보내도록 하기 위해 상금을 내거는 일도 하지 않습니다. 사람들이 편지를 보내오는 것은 다만 주님께 대해 갈급해 있기 때문입니다. 그들은 영적인 도움을 필요로 합니다. 우리의 방송은 은혜를 받은 사람들과, 도움을 얻은 사람들, 그리고 이 방송에 의해 큰 결과를 얻은 사람들로부터 오는 자발적인 헌금에 의한 지원밖에 받지 않습니다.

그들은 그것을 주 예수 그리스도의 복음을 전파하는 것에 투자하는 것으로 간주하고 있습니다.

그들은 내가 나 자신의 제국을 건설하고 있지 않다는 사실을 잘 알고 있습니다. 나는 필요한 것과 갖고 싶것은 모두 가지고 있습니다. 저를 믿어주세요. 나의 유일한 소원은 영혼을 얻는 것입니다.

  텔레비전 사역은 어느 정도 효과적일까요?

  제가 말할 수 있는 것은 다음과 같은 것입니다.

  전혀 생각지도 못했던 사람들이 길에서 나를 불러 세우고는 이렇게 말합니다. "이 세상에서 무엇보다도 당신의 방송만은 한 번도 놓치지 않고 보도록 합니다."

  나는 이 미국의 가장 변경(remote parts)에서 이제 막 돌아왔을 뿐입니다. 내가 어디에 가도, 이렇게 말하는 것으로 인해 깜짝 놀라곤 합니다. "캐트린 쿨만씨 아닙니까? 당신의 방송을 보고 있습니다."

  처음으로 나는 이렇게 대답했습니다. "하지만 이 지역에서는 우리 방송이 나가지 않는데 어떻게 그것을 보았습니까?"

  그 후에, 방송은 케이블 텔레비젼으로 보내져서 전국에서 볼 수 있음을 알게 되었습니다. 내가 만난 적이 없는 사람들, 나와 한 번도 접촉한 적이 없는 사람들이 자기 지역에서도 그 프로그램이 방송되도록 자발적으로 돈을 지불했던 것입니다.

  나는 택시는 좀처럼 타지 않지만, 택시 운전수가 나의 목소리를 듣고 이렇게 말합니다. "오 그 목소리 나는 압니다. 당신은 캐트린 쿨만 씨이지요? 아내와 나는 언제나 당신의 프로그램을 보고 있습니다."

레스토랑에 식사하러 간 적은 가끔 있는데, 내가 주문을 할 때 웨이트레스나 웨이터가 말합니다. "저 목소리다. 나의 가족들이 당신의 텔레비젼 방송을 보고 있다는 것을 당신은 모르시겠지만."

　재정적인 면에서 방송만으로는 자체 비용을 감당할 수 없습니다. 우리는 돈 때문에 가끔 미주리 주에서는 자주 이런 표현을 사용했듯이 불타오르는 집처럼 기도해야 할 때가 있습니다. 그러나 나는 지금도 여전히 채워주시는 주님을 의지합니다. 그리고 주님은 지금까지 한 번도 우리를 실망시키신 적이 없습니다. 가장 위대한 결합은 텔레비젼과 라디오입니다. 라디오라는 수단을 통해 우리는 가르치고 있습니다. 텔레비젼을 통하여 우리는 간증을 하거나, 사람들에게 영감을 불어 넣습니다. 하나님은 둘 다 사용해 주시고, 우리는 강력한 복음사역을 행하고 있습니다.

5. 방언

방언으로 말하는 것에 대해 나는 다만 이렇게 말씀드리고 싶습니다. 방언으로 말하는 것을 내가 믿을까요? 대답은 "예"입니다!

나는 성경을 믿기 때문에, 알지 못하는 언어로 말하는 것을 믿지 않으면 안됩니다. 어느 누구도 하나님의 말씀을 자기가 동의할 수 있는 부분만 믿는다는 것은 있을 수 없습니다.

만일 당신이 그렇게 했다면, 당신이 원했던 모든 것을 잘라내 버리고 결국은 성경을 가지고 있지 않은 것처럼 되었을 것입니다.

여러분도 아시겠지만 토마스 제퍼슨이 그렇게 했습니다. 그는 자기가 좋아하지 않는 곳을 전부 빼낸 후, "제퍼슨 성경"을 출판했습니다. 그것은 능력이 없었기 때문에, 그것을 구입한 사람은 거의 없었습니다.

지금도 그렇게 하고 싶어하는 사람들이 있습니다. 그

들은 시편 23편은 유지합니다. 천국에 관한 말씀은 전부 유지합니다. 그것은 놀랍습니다. 그러나 우리는 하나님 말씀 전체를 받아들이든지, 아니면 전혀 받아들이지 않든지 둘밖에 없습니다. 나는 사람은 하나님 말씀에 머물러야 할 필요가 있음을 견고하게 믿는 사람입니다. 만일 하나님의 말씀 중에 없는 것이라면 그것을 해서는 안 됩니다. 만일 하나님 말씀 중에 있다면 그것을 행해야 합니다.

우리는 커다란 미혹의 시대에 살고 있습니다. 우리가 살고 있는 시대에 대해서, 주님께서 친히 경고하셨습니다. 만일 할 수 있다면 택한 백성들조차도 미혹받게 될 거라고 주님은 말씀하셨습니다. 나는 이 사역이 오랫동안, 시대적인 시련과 비판자들의 시련에도 견뎌온 이유 중 한 가지는 바로 말씀대로 믿고 행하는 것이라고 생각합니다. 우리는 광적인 것을 거부합니다. 조금도 광적인 것은 없습니다.

나를 보고 광적이라고 비난할 사람은 한 사람도 없습니다. 우리 집회에서는 보기에 거부감을 가져다주는 어떤 것도 없습니다. 하나님의 말씀을 따라 행해지고 있으며, 그것은 성경적입니다. 그리고 그래야만 합니다. 왜냐하면 이 사역의 토대는 하나님의 말씀이기 때문입니다.

꽤 오랫 동안 나는 "오순절파(Pentecostal)"라는 말을 두려워 했습니다. 오순절날에 행해졌던 것이라면 어떤 것이든 받아들이기가 용이했습니다.

오순절인 일요일을 준수하는 사람들은 지금도 수 백만명이나 됩니다. 그렇지만 수 백만명이나 되는 사람들이 받아들이지 않고 있는 것은 우리가 지금도 여전히 오순절 날 안에 살고 있다는 사실입니다. 오순절날 일어났던 어떤 일도 바로 지금 이 시대, 전 세계에 있는 어떤 교회에서도 일어나고 있어야 하는 것입니다. 오늘날 많은 교회에서 보여지는 냉냉한 상태, 죽은 상태, 능력이 결여된 상태는 자연스러운 것이 아닙니다.

당신이 성령을 발견하는 어디에서든, 삼위 일체의 세 번째 위격이신 강력하신 분의 초자연적 현상과 활동, 그리고 방언으로 말하는 것을 발견하게 될 것입니다. "오순절파"라고 하는 말은 연약한 목소리로 속삭이듯이 쓰여지는 말입니다. 그러나 지금은 카톨릭의 사제들이 매우 대담하게 "나는 카톨릭 오순절파 사제입니다."라고 말하는 것을 듣고 있습니다.

당신은 또한 침례교의 목사가 "나는 침례교 오순절파 사역자입니다."라고 말하는 것을 듣게 될 것입니다. 게다가, 뛰어난 루터교 오순절파들도 있습니다. 그것은 참으로 놀라운 것입니다. 전 세계에서 수 천만명의 사람들이 오순절날의 체험을 즐기고 있습니다.

그렇지만 기억하십시오. 알지 못하는 언어로 말하는

것은 그 사람이 의롭게 된 칭의(justification)의 경험과는 전혀 관계가 없습니다. 혼을 위한 속죄는 피가 담당합니다. 나는 다시 한 번 반복해서 말씀드립니다. 우리를 하나님의 상속인으로 하고 예수 그리스도와 공동 상속인이 되게 하는 것은 하나님의 아들 예수 그리스도께서 흘리신 피 뿐입니다.

만일 당신의 죄가 피로 덮여져 있다면, 만일 당신이 그리스도와 죄사함을 받아들이고 그리스도를 완전한 신성을 가지신 하나님으로서 받아들인다면, 당신은 지금까지 방언으로 말한 적이 있든 없든, 당신의 심장이 멈추고 당신의 영혼이 이 지상을 떠나 영광 안으로 들어갈 때, 위대한 대제사장이신 당신의 그리스도, 당신의 구속주(Redeemer)의 놀라우신 임재 앞에 서게 될 것입니다.

성령은 우리 칭의를 위해 주어지지 않았습니다. 우리에게 의를 가져다 주신 분은 예수님입니다. 그러나 성경이 성령세례(baptism in the Holy Spirit)라고 부르는 이 놀라운 경험은 단 한 가지 목적만을 위해서 주어집니다.

그것은 섬김을 위한 권능을 부여하기 위함입니다.

예수님이 떠나가시기 전, 그분은 교회를 위한 한 가지 메시지를 남겨 놓으셨습니다. 그것은 당시의 교회에 대한 메시지이며, 또한 오늘날의 교회에 대한 메시지이기도 합니다.

그분은 말씀하셨습니다.

"오직 성령이 너희에게 임하시면 너희가 권능을 받고"
(행 1:8)

  성령으로 충만 받은 것에 대한 최대의 증거는 방언을 말하는 것(그것은 놀라운 것이긴 하지만)이 아니고, 개개인의 삶에서의 능력입니다. 당신은 몇 시간이나 방언으로 말하지도 모르겠습니다. 그러나 사랑하는 여러분, 만일 당신의 생활이 성령의 권능에 합당하지 못하다면, 나는 당신이 알지 못하는 언어로 말하는 경험에 대해 그다지 높은 평가를 할 수 없습니다.

  캐트린 쿨만이 성령의 은사를 한 가지, 혹은 한 가지 이상 가지고 있다고 스스로 말하는 것을 들은 적이 있는 사람은 지금까지 아무도 없을 것입니다. 자기는 특별한 은사를 받았다고 자랑하는 사람들이 언제나 마음에 걸립니다.

  나의 앞에 매우 대담하게 막아서서 "당신도 아실테지만 나는 성령의 모든 은사들을 가지고 있습니다."라고 말하는 사람들도 만났던 적이 있습니다. 그들은 마치 더 이상 나가야 할 곳이 없는 데까지 이르렀다고 생각하고 있는 듯한 말투를 하고 있었습니다.

  나는 그런 사람들을 언제나 조금 의심스럽게 생각합니다. 사람이 성령으로 충만케 될 때, 사람이 성령의 다스리심을 받게 될 때, 그 사람은 결코 자랑하는 일이 없습니다. 다시 말씀드리지만 결코 그런 일은 없습니다.

그러므로 나는 내 자신이 특별한 은사를 가지고 있다고 결코 말하지 않습니다. 은사는 단 한 가지 밖에 없습니다. 그 은사는 예수님으로부터 주어집니다. 즉, 성령님 자신의 인격입니다. 다른 모든 것, 방언, 믿음, 치유, 그리고 지혜조차도 성령께서 가져다주시는 나타남(manifestation)입니다.

내가 알고 있는 모든 것은, 나는 성령으로 충만케 되기 위해 나의 몸을 예수님께 양도해 왔다는 것 뿐입니다. 나는 나 자신을 예수님께 복종시켜 왔습니다. 나의 인생은 이미 나 자신의 것이 아닙니다. 그분이 나를 소유하고 계십니다. 즉 나의 몸과 혼과 영을 소유하고 계시는 것입니다.

성령께서 나에게 주셨던 것은 무엇이든, 성령께서 나를 통하여 하시는 것은 무엇이든, 나의 삶을 통하여 나타나는 결과가 무엇이든, 캐트린 쿨만이 행하는 것이 아니고, 성령께서 행하시는 것입니다. 성령께서 나에게 뭔가 특별한 것을 주셨다고 해도, 그것 역시 캐트린 쿨만의 것이 아닙니다. 그것은 양도된 그릇을 통하여 성령께서 역사하시는 것에 지나지 않습니다. 그러므로 우리는 성령께서 행하시는 어떤 것에 대해서도 하나님께 찬송과 영광이 돌아가도록 매우 주의하지 않으면 안됩니다.

내가 크게 염려하는 한 가지는 그 영광에 자신도 참여

하려고 해서, 성령을 슬프시게 해 버리는 것입니다.

성령께서 나에게서 거두어질 때, 나는 이때까지 살아왔던 가장 평범한 사람에 지나지 않게 됩니다. 오늘날 살고 있는 여성으로, 캐트린 쿨만만큼 평범한 여자는 한 사람도 없습니다. 나는 그것을 다른 누구보다도 잘 압니다.

그러므로 나는 어떤 특별한 것을 자랑할 수 없습니다.

내가 할 수 있는 것은 성령께서 행하시는 일을 여러분께 말해주는 것. 그리고 어떤 것에 대해서도 세심한 주의를 기울여 모든 찬송과 모든 영광을 하나님께 돌리도록 분명하게 말해주는 것 뿐입니다.

6. 하나님과 기성교회

나는 오랫동안 매주 금요일 펜실베니아 주 피츠버그에 있는 제일 장로교회(the First Presbyterian Church)에서 기적의 예배를 인도해 왔습니다. 이 교회는 미국 내에서 가장 훌륭하고 가장 영향력 있는 교회 중의 하나입니다.

기적의 예배는 오전 9시 30분 경에 시작되어, 오후 한 시반 무렵까지 계속 됩니다. 매주 우리는 하나님의 능력의 위대한 나타나심들을 봅니다. 로마 카톨릭, 그리스 정교, 루터교 등 모든 교파의 사람들이 전세계로부터 제일 장로교회 예배실로 모여듭니다. 모두 자신이 속한 교파는 잊어버립니다. 우리는 갈보리라고 하는 공통의 토대 위에 서서 함께 예배드립니다. 이 제일 장로교회의 집회에서 일어나고 있는 것을 미국내 모든 교회에서도 일어나야 하는 것입니다.

기성교회에 관해서 나는 매우 깊은 연결끈이 있습니

다. 내가 기억할 수 있는 한, 어머니는 감리교도였습니다. 그래서 나는 언제나 감리교를 존경스럽게 생각해 왔습니다. 아버지는 침례교도였습니다. 그리고 나는 지금도 여전히 침례교의 일원입니다.

그러나 만일 우리 기성교회가 하나님이 바라시는 교회로 되어야 한다면, 만일 교회의 목적인 그 사역을 수행하려 한다면, 교회는 눈을 뜨고, 우리가 살고 있는 시대와 때를 깨달아야 합니다.

참으로 이 세상이 교회에 도전해 오는 시대가 되었습니다. 이 세대의 젊은이들이 기성교회에 도전할 권리는 충분히 있습니다. 그렇지만 기성교회에 있어서 가장 좋은 기회로 만들 수도 있습니다. 교회가 그 사실을 깨달을 수만 있다면 좋을텐데 하고 생각합니다. 그러나 교회는 성령에 대해 해야 할 것이 있습니다. 기성교회는 우리가 지금도 여전히 오순절 날(시대) 안에 살고 있다는 사실을 깨닫지 않으면 안됩니다. 기성교회는 눈을 감고 "우리는 하나님 말씀 중 일부만 받아들이도록 하겠습니다. 나머지는 잊어버리십시오."라고 말하지 말아야 합니다.

이것은 하늘과 땅에서 가장 높으신 권위를 갖고 계신 분이 말씀하시는 것입니다. 왜냐하면 카톨릭과 개신교를 포함해서 우리가 교회라고 부르는 신자들의 이 영광스러운 몸에 대해 예수님이 성령이라는 선물을 주셨기 때문입니다. 예수님이 아버지 하나님께 말씀하셨을 때, 이 신자들의 몸을 "당신이 내게 주신 자들"(요 17:6-9)이라고 말씀하셨습니다. 그리고 예수님이 떠나가시기 전, 그분은 자신이 주실 수 있는 가장 위대한 선물을 교회에 주셨는데, 삼위 일체의 강력하신 세 번째 위격이신 분입니다.

하나님 아버지께서 성자 예수님께 주셨던 것과 동일한 선물을 이번에는 성자 예수님이 자기 사람들(His own)에게 주신 것입니다. 하나님이 자기의 독생자를 주시기 훨씬 전, 예수님이 육신의 모습으로 오셔서 구속의 계획을 수행하시기 훨씬 전에, 예수님은 먼저 성령님을 통하여 자신을 드렸다고 하나님 말씀은 말하십니다. 여러분과 내가 성령을 아는 이상으로 예수님은 성령을 잘 알고 계셨습니다. 그렇습니다. 예수님은 성령을 알고 계셨습니다. 그분은 그 권능을 알고 계셨습니다.

예수님은 자기의 힘으로 갈 수 없다는 사실을 알고 계셨습니다. 왜냐하면 예수님은 육신의 모습으로 지상에 오시려 하셨기 때문입니다. 그분은 이제 곧 인간과 똑같이 되려고 하는 중이었습니다. 그분은 그 완벽한 지식과 지혜로 자신이 사단과 얼굴과 얼굴을 마주보며 서야 할 때가 오게 된다는 사실을 알고 계셨습니다.

자신이 이 지상을 걸을 때 만일 영광스러운 성령의 권능을 소유하지 않으면 그 원수를 직면하게 될 때 자신은 무력하다는 사실을 아셨습니다. 그렇습니다. 그분은 그것을 아셨습니다. 그분은 그것을 인식하셨습니다. 그러므로 나는 신성한 강단에 서는 모든 사역자들에게 말합니다. 살아계신 하나님의 아들이신 예수님께서 성령을 필요로 하셨다면, 분명히 여러분과 저도 그분을 필요로 한다고 말입니다.

성령님을 두려워하지 마십시오. 당신의 사역에서 성령님의 권능을 두려워하지 말아 주십시오. 예수님은 성령님을 신뢰하셨습니다. 예수님은 성령님께 대한 확신이 있으셨습니다. 그리고 성령님은 예수님을 실패하시도록 하지 않으셨습니다. 그러므로 예수님이 떠나가시기 전에, 예수님이 최후로 행하신 것은, 자신의 교회 즉, 믿는 자들의 이 위대한 몸에 선물을 주시는 것이었습니다. 그분은 말씀하셨습니다. "너희가 권능을 받고" 그분은 누구에게 그렇게 말씀하셨을까요? 믿지 않는 자들이 아니라, 자기의 사람들에게 한 말씀이었습니다.

"성령이 너희에게 임하시면 너희가 권능을 받고"

어떤 권능일까요? 예수님의 사역에서 나타났던 것과 동일한 권능입니다. 삼위 일체의 이 강력하신 세 번째 위격이신 성령님이라는 선물보다 뛰어난 선물을 교회에 주신 적이 없습니다.

이제는 모든 사역자들이 성령님과 직면해야 할 때가 왔습니다. 그것이 바로 이제야말로 기성교회에 있어서 최고의 때가 될 수 있다고 내가 말하는 이유입니다.

 그렇지만 만일 기성교회가 성령을 받아 들이려 하지 않고 성령의 나타나심을 받아 들이려고 하지 않는다면, 그때 사랑하는 여러분, 기성교회의 그런 태도에도 불구하고 성령은 그래도 자신의 일을 계속 해나가실 것입니다.

 그분은 기성교회 밖에서 하나님의 계획을 수행하실 것입니다. 그렇지만 그렇게 되서는 안됩니다.

 기성교회는 이 세상이 도전해 올 때, 거듭나지 못한 사람들이 도전해 올 때, 하나님의 여러 가지 기적들로 그러한 도전에 대응할 수 있을 정도로 강하여야 합니다.

 복음 사역자들이 하나님의 최선을 구하고, 그들이 섬기는 교회원들에게 성령의 여러 가지 깊은 진리를 제시해 주는 것을 하나님은 허용해 주시고 있습니다.

 우리는 지금 놀라운 시대에 살고 있습니다. 하나님은 진실로 모든 육체 위에 자신의 영을 부어주시고 계십니다. 우리는 역사상 가장 위대한 영적 각성, 가장 위대한 부흥(revival) 안으로 발을 들여 놓으려 하고 있습니다. 그렇지만 영적인 귀가 있는 사람들만 듣게 될 것입니다.

7. 기적

기적의 의미는 사람에 따라 다릅니다. 웹스터 사전에 보면 기적은 알려져 있는 과학법칙과 명백히 모순되는 사건이나 행동이어서, 초자연적 원인, 특히 하나님의 행위에 기인한다고 생각되는 것입니다.

나는 어느 날, 로스앤젤러스의 윌셔거리에 있는 바룩(Bullock) 가게에서 나왔을 때의 일을 기억합니다. 나는 뭔가를 사려고 그 가게에 들어갔지만, 여덟살이나 열살 정도된 두 소년(나중에 그들은 형제임을 알았습니다)을 보았을 때, 나는 가게에서 뛰쳐 나왔습니다. 그들은 가게 밖에 서서 캔디를 팔고 있었습니다. 그중 한 소년이 내 곁에 달려와서 말했습니다. "캔디 하나 사주시지 않겠어요?" 그는 내 얼굴을 쳐다보더니 눈을 접시처럼 크게 뜨고는 이렇게 외쳤습니다. "윌리! 윌리! 그 기적의 아주머니가 여기 있어! 기적의 아주머니가 여기 있다니까!" 그는 매우 흥분해서 말을 더듬거리고 있었습니다.

"나에게도 한 번 기적이 일어났어요. 놀라운 기적이 나에게도 일어났어요." "그것이 어떤 기적인데?" 하고 내가 물었습니다. 그는 말했습니다.

"어느 날 나는 15센트의 돈이 필요했어요. 나는 정말 그것이 필요했어요. 나는 하나님께 15센트를 달라고 구했어요. 어떤 일이 일어난지 아세요? 내가 길을 걸어가는데, 길에 15센트가 떨어져 있었는 걸요. 하나님이 나를 위해 기적을 일으켜 주셨어요!"

그 어린 소년에게 있어서 그것은 분명 기적이었습니다.

암으로부터 치유받고 싶은 사람에게는 15센트의 동전을 발견하는 것은 대단한 기적이 아닐 것입니다. 전문의가 그 사람에게 이젠 더 이상 치료할 수 없다고 말하고 있었다고 합시다. 그때 갑자기 하나님의 긍휼하심으로 치유의 손길을 베풀어 주시고, 초자연적인 일이 일어납니다. 알려져 있는 어떤 과학의 법칙으로도 설명할 수 없는 하나님의 초자연적 권능이 치유를 가져다 줍니다. 그리고 그것은 그 소년이 길바닥에서 15센트를 발견한 것 만큼이나 위대한 기적입니다.

내가 주님이 계신 본향에 가게 될 때, 주님께 물어보고 싶은 질문이 두 가지 있습니다. 첫 번째 질문은 이렇습니다. "예수님! 모두가 치유받았던 것은 아니었습니다. 그것은 왜 그렇습니까?" 저는 알고 싶습니다. 나는 그 질문에 대한 대답을 지금은 아직 가지고 있지 않습니다. 나의 두 번째의 질문은 하나님의 능력이 나타나는 것과 관계가 있습니다. 그것은 성령의 권능으로 쓰러지는 것입니다. 나는 그것과는 전혀 관계가 없습니다. 나는 그것도 이해할 수 없습니다. 내가 기도할 때, 왜 어떤 사람들은 바닥으로 쓰러지는 것일까요? 그 경험이 성경적이라는 것은 알고 있습니다. 그러나 왜 나의 집회에서 그것이 일어나는 걸까. 나는 알지 못합니다. 나는 다메섹 도상에서 사울의 회심에 관한 성령말씀을 읽어 보았습니다. 돌연히, 무슨 일이 그에게 일어났습니다. 그는 몸을 강타당하고 지면에 쓰러졌습니다. 그는 위를 향할 때 쓰러졌습니다. 나는 그 장소에 없었던 것을 정말 유감스럽게 생각합니다. 그가 쓰러졌을 때 몸을 지탱하여 멈추게 해주는 사람도 없었습니다.

그러나 주님은 그에게 "일어나라."고 말씀하셨습니다. 무엇이 일어났던 걸까요? 그의 얼굴은 영광으로 빛나고, 나와 마찬가지로 그도 역시 질문에는 대답할 수 없었겠지요. 몸을 쓰러뜨리는 성령의 권능은 지금까지 수천명의 사람들이 체험해 왔습니다. 그리고 그들도 그것을 설명할 수 없습니다. 그 수 천명의 사람들이 오늘날 우리에게 말해 줄 수 있는 것은 그것은 초자연적인 능력이었다는 사실 뿐입니다.

다른 기적과 마찬가지로 그 경험을 묘사하거나 정의

하는 것은 불가능합니다. 그렇지만 그것은 매우 평안으로 충만케 되는 것입니다. 매우 놀라운 일입니다. 게다가 사람이 뭔가를 경험하고 있을 때, 어느 누가 정의(definition) 같은 걸 필요로 하겠습니까? 의심이 많은 사람들만 그걸 필요로 할 것입니다.

그러나 하나님이 만져주신 후에는 아무도 의심하지 않습니다. 사람들은 다만 놀라워 할 뿐입니다.

고(故) 폴 프라일링(Dr. Paul Fryling) 박사로부터 받은 편지에 쓰여 있는 것이 아무래도 가장 적절한 표현일 것 같습니다. 그는 미네소타 주 미니아폴리스에 있는 제일커버넌트 교회의 목사였습니다. 우리는 미니아폴리스의 커다란 체육관에 갔던 적이 있습니다. 프라일링 박사는 맨 앞줄에 앉아 있었고, 몇몇 다른 설교자들도 그 줄에 앉아 있었습니다. 하나님의 권능이 임하여, 사람들이 성령의 능력아래 쓰러졌을 때, 프라일링 박사도 그 능력으로 쓰러졌습니다. 그는 매우 보수적인 교회의 매우 보수적인 목사였다는 사실을 기억해 주십시오. 내가 피츠버그에 돌아온 후, 프라일링 박사의 편지가 도착했습니다. 그 편지내용 중 일부입니다.

『우리 교회 성도들과 아는 목사님들이 나에게 물었습니다. 나를 터치해 주셨던 그 성령님의 권능을 받았던 경험에 대해서였습니다. 그 경험으로 내가 말할 수 있는 것은 그것은 매우 단순하고 매우 놀라운 경험이었다는 사실입니다.』

사실 그것은 깜짝 놀라게 하는 격정적인 감정이 아니라 지극히 정상적인 영적 감정이었습니다. 그것은 평범한 영적 현상들과는 동떨어진 것으로 생각하는 사람도 있을지도 모르겠습니다만, 결코 그렇지 않습니다. 오히려 그것은 그 순간 성령께서 이미 주셨던 아름다움과 매력들을 집결하여 조화시키는 것 같았습니다. 성령의 기름부으심 아래 있는 것은 참으로 정상적인 상태입니다. 그 이외의 것이 이상한 것입니다.

8. 여성 사역자

내가 남자였더라면 어떻게 되었을까 하고 때때로 생각합니다. 나는 정말 알지 못합니다. 나는 확실히 여자이기 때문입니다. 내가 여자로서 사역하건, 불리한 것이(two strike) 있을거라 생각하는 사람들이 많이 있는 것 같습니다.

내가 그렇게 느꼈던 적은 지금까지 단 한 번도 없었습니다. 나는 턱을 조금 높이 들고, 여러 가지 욕설들을 듣지 않으려는 것처럼 행동할 뿐입니다. 나는 스스로 자원하여 이 사역을 하게 해달라고 구하였던 적은 없습니다. 나는 오히려 다른 일을 하고 싶어 했다는 것은 하나님이 잘 아십니다. 그러나 하나님이 나를 이 사역에 두셨으므로, 여자가 설교하는 것을 좋아하지 않는 사람들은 내게 불평할 것이 아니라, 하나님께 불평해야 합니다.

정말 그렇습니다.

나는 여러분께 확신을 가지고 말씀드립니다. 내가 진

심으로 확신하는 것입니다. 이 마지막 시대를 위해 하나님이 선택하신 사역을 위해 나는 하나님의 첫 번째 선택이 아니었음을 믿습니다. 이것이 내가 확신하는 것입니다. 여러분이 어떻게 나와 논쟁을 해도 이 확신을 결코 뒤엎을 수는 없을 것입니다. 나는 하나님께 두 번째로 택함을 받은 자인지 아니면 세 번째로 택함받은 자인지 나는 잘 알지 못합니다. 왜냐하면 내가 하고 있는 사역은 남자들의 사역임을 진정으로 믿기 때문입니다. 나는 열심히 일합니다. 내가 정말 얼마나 열심히 일하는지 아는 사람은 거의 없습니다. 나는 하루에 16시간이나 17시간 일합니다.

나는 남자 다섯명이 함께 일한 것보다도 더 많은 일을 할 수 있지만, 그리고 나는 여러분들에게 이것에 관해 도전을 주고 싶습니다. 얼마나 나의 수면시간을 줄여서 그 시간을 사역에 부어넣는지는 나를 가장 잘 알고 있는 사람들 밖엔 알지 못합니다. 우리 집회에 출석하는 사람들은 내가 세 시간 반에서 네 시간 반을 설교단 앞에 서거나 무대 위에 서는 것을 알고 있습니다. 나는 그 시간 동안 결코 자리에 앉지 않습니다.

이 사역을 위해 하나님이 첫 번째로 택하신 자는 남성이었음을 나는 믿고 있습니다. 그렇지만, 어떤 남성도 그 대가를 기꺼이 치르려 하지 않았던 것입니다. 나는 그저 꾸밈없이 이렇게 말씀드렸을 뿐입니다. "아무것도 아닌 저를 취하시옵소서. 그리고 사용해 주시옵소서" 그리고 그 이후로 하나님은 그렇게 해주셨습니다. 그러므로 나는 성령의 권능은 실제적임을 안다고 여러분에게 말씀드리는 것입니다. 사람은 받은 것 없이 줄 수 있는 것은 없습니다. 나는 긴 집회 시간이 끝난 후에도, 강단으로 걸어들어 왔을 때와 여전히 동일한 강건함으로 강단을 떠나는 것이 가능합니다. 나는 성령님께 자신을 완전히 드려왔습니다. 성령님께 쓰임받기 위해 빈 그릇으로서 나의 몸을 헌신해 왔지만, 나는 드리는 것처럼 받고 있습니다. 오히려 내가 드리는 것보다 훨씬 더 많은 것을 받고 있습니다.

어느 날, 로스엔젤러스에서 위먼즈 립(women's lib)의 대표자가 전화를 걸어 위먼즈 립을 위해 텔레비젼 프로에 나와달라고 의뢰했습니다. 나는 웃으면서 말했습니다. "내가 말씀드리는 것을 듣고 싶지 않아 하실 것입니다!" 아시다시피, 만일 내가 현명한 주부나 좋은 요리를 만드는 사람이 될 수 있다면, 나는 어떤 것이라도 해 드릴 수 있을 것입니다. 오, 정말이지 나는 맛있는 요리를 만들고 싶어요. 나에게 열 두명 정도의 자녀들이 있다면 좋겠어요. 나는 내가 지금 이 세상의 어머니처럼 느낄 때가 종종 있습니다.

나에게는 영적인 자녀들이 매우 많이 있고, 어떻게 해야 좋을지 모를 지경입니다. 나는 그들을 염려합니다.

나는 그들의 어머니 노릇을 하고 있습니다. 나는 그들을 사랑합니다. 나는 그들을 보살펴 줍니다. 어떤 남성이 스폰서가 되어 준다면 정말 기분이 좋을 것입니다. 나는 어떤 남성에게 나의 보스가 되어 주었으면 할 정도입니다. 그것은 오래 지속되지는 않겠지만, 잠시 동안이라도 멋지지 않을까 하고 생각합니다!

그러므로 "위먼즈 립"의 일로는 하나님의 말씀만큼 지금도 여전히 옛날 사고방식을 고수하고 있습니다. 남편이 가정의 머리여야 한다고 나는 지금도 생각합니다. 우리집에서는 어떠했는지 나는 기억하고 있습니다. 아버지는 언제나 가정의 머리였습니다. 아버지가 뭔가를 말씀하면, 그것은 마치 하나님이 말씀하신 것 같았습니다. 우리 집에는 위먼즈 립 같은 건 전혀 없었지만, 우리는 매우 행복한 가정이었습니다. 아버지는 일했으며, 그리고 아버지는 그것을 알리지도 않으셨지만, 어머니는 아버지를 따라갔습니다. 그것은 정말 아름다운 것이었습니다.

여성의 지위란, 하나님이 여성을 두신 곳입니다. 주부이며, 여성에게 있어서 지위라는 것은 남편과 자녀들과 함께 있는 것입니다. 나에게 있어서 그것은 이 사역에 있습니다. 이것이 내가 있을 위치입니다. 왜냐하면 하나님이 나를 여기에 두셨기 때문입니다.

디모데전서 2장 11-12절에서 바울은 이렇게 말합

니다.

 "여자는 일체 순종함으로 조용히 배우라 여자가 가르치는 것과 남자를 주관하는 것을 허락하지 아니하노니 오직 조용할지니라"

12절에는 이렇게 되어 있습니다.

 "여자가 가르치는 것과 남자를 주관하는 것을 허락하지 아니하노니 오직 조용할지니라"

매우 간단한 사실을 말씀드리겠습니다. 여성이 설교하는 것이 하나님의 뜻에 반대되는 것이라면, 바울은 빌립을 질책했을 것입니다. 바울은 빌립의 가정을 방문한 적이 있습니다.

여러분도 아시듯이 빌립에게는 딸 넷이 있었고 그 딸들은 모두 말씀을 전하는 자들이었습니다(행 21:9). 그러므로 그 가족 모두가 말씀을 전하는 자들이었습니다. 바울은 빌립을 방문했더니 네 딸이 모두 거기 있었습니다.

네 딸들이 바울과 대면하지 못했던 경우는 결코 없었을 것입니다. 그러나 바울이 이 네 딸들에게 말씀 전하는 것을 금했다는 부분은 한 구절도 찾아 볼 수 없습니다.

베드로는 사도행전 2장 17절에서 요엘서를 인용하여 이 마지막 때, 여러분의 아들들이 예언을 하거나 하나님의 말씀을 전하게 될 뿐만 아니라, 여러분의 딸들도 예언하거나 말씀을 전하게 된다고 말씀합니다. 강력한 말씀입니다.

교회 안에서 여자들은 일절 종용하라고 하는 바울의 명령을 우리는 어떻게 이해해야 할까요? 이 상황을 보십시오. 당시의 회당(synagogues)에서 여성들은 발코니에 앉았습니다. 세계의 어느 지역에서는, 오늘날에도 여전히 그렇습니다. 예를 들면 인도 같은 나라입니다. 여성들은 이쪽에, 남성들은 저쪽에 앉도록 되어 있습니다. 당시 그 여성들은 발코니 쪽의 자기들 자리에서 매우 큰 소리로 이야기했으므로 다른 사람들은 말하는 사람의 이야기를 들을 수 없을 정도였습니다.

여자들은 오늘날도 그때 그들이 그랬듯이 똑같습니다. 요한의 아내가 아랫쪽으로 외쳐 말하는 소리가 들리는 듯 합니다. "요한 기억하니? 나 스토브 끈 걸까?" 혹은 여자들이 조그마한 선거를 하고 있었을지도 모릅니다. 엘리자벳이 아래쪽을 보고 소리쳐 말합니다. "에이브 아니라고 말해. 아니라고 말해. 내가 그를 싫어하는 거 알고 있잖아. 그 사람을 뽑지마"

여자들은 매우 큰 소리로 말했기 때문에 나머지 다른

사람들은 아무도 소리를 들을 수 없을 정도였습니다. 그들은 입을 다물고 조용히 있을 수 없었습니다. 그래서 바울이 말했습니다. "여자는 조용히 하시오."

그것은 여자들이 열등하다는 의미가 아니었습니다.

성경은 남녀가 제각기 적당한 위치를 가진다고 가르쳐 줍니다. 제각기 하나님이 주신 책임이 있습니다. 예를 들면 남자는 여자의 머리입니다. 그것은 남자가 큰 막대기를 가지고 다니는 폭군을 의미하는 것이 아닙니다.

남자와 여자가 다름으로 인해 하나님께 감사드립니다. 그러나 그것은 여자가 다소 열등하다는 의미가 아니라, 단순히 다르다는 것을 의미입니다. 히브리 역사에서 위대한 지도자들 가운데는 여성들도 있었습니다. 나는 골다 마이어(Golda Meir)를 매우 존경합니다. 그녀는 강한 개성의 소유자이며, 강력한 지도자입니다. 골다는 원하는 것을 반드시 손에 넣었습니다. 나는 초기 이스라엘의 사사였던 드보라를 존경합니다. 나는 여왕 에스더를 존경합니다. 나는 사라를 존경합니다. 나는 예수님의 모친인 마리아를 존경합니다.

모두가 강력한 여성들입니다. 수세기를 통해 내려오면서 어느 사회에도 남자들이 이루어 온 것도 있으며, 여자들이 이루어 온 것도 있습니다. 그러나 보조적 역할로부터 여성들을 해방시킨 것은 기독교였습니다.

여성들이 어떻게 그리스도를 거부할 수 있는지 나로서는 이해할 수 없습니다. 왜냐하면 여성에게 존엄을 주신 분은 그리스도이시기 때문입니다. 그리스도인들은 여성 사역자를 문제시할지도 모르겠습니다만, 그리스도께서는 결코 그렇게 하시지 않으셨습니다. 그분은 우리 여성들의 위치를 높이셨습니다. 그분은 우리를 해방시키셨습니다.

나는 자신이 여성임을 기뻐합니다.

9. 치유받지 못한 사람들은 왜입니까?

사람들이 치유받거나 치유받지 못하거나 하는 것은 하나님의 장중 안에 있습니다. 어떤 때이든 그것은 나의 책임이 아닙니다. 나는 완벽한 지혜가 있는 것도 아니며, 완벽한 지식이 있는 것도 아닙니다. 나에게 치유의 능력은 전혀 없습니다. 나는 결코 단 한 사람도 치유한 적이 없습니다. 나는 치유의 능력 같은 것은 전혀 가지고 있지 않습니다.

모든 책임은 하나님의 책임과 하나님의 손길과 그 사람 자신에게 있습니다. 정말 정확히 그렇습니다.

그러나 물론 나는 인간입니다. 집회가 끝나고 휠체어를 타고 집회에 왔던 사람들이 같은 휠체어를 타고 돌아가는 것을 보고, 내가 마음 속으로 얼마나 상처받고 있는지 아무도 진정으로 알지 못합니다. 여러분은 나의 내적인 아픔과 내가 느끼는 고통을 결코 알지 못합니다. 그러나 나는 그 대답을 하나님께 맡겨야만 합니다. 또 내가 하나님의 영광 안으로 부르심을 받을 때, 왜 모든 사람들이 다 치유받는 것은 아닌지, 그분께서 친히 자신의 입술로 저에게 대답해 주시도록 그분께 물어보려 합니다.

내가 캔자스시티에 있었을 때, 어떤 일이 일어났습니다. 지역 신문인 캔자스시티 스타지로부터 기자 한 명이 우리 집회에 파견되었습니다. 나는 그 여기자와 알게 되었습니다.

사랑스럽고 젊은 여성이었는데, 예리한 기자 정신의 소유자이기도 했습니다. 그녀는 모든 집회에 출석했고 마지막 날 저녁 집회 후, 나의 착의실에 찾아왔습니다. 저를 도와주시는 분들 중 한 명이 그녀를 안으로 들어오게 했습니다. 그녀는 내가 울고 있는 것을 보았습니다. 그녀는 당황했지만, 나는 그녀가 기자란 사실을 잊고 나의 마음 속내를 털어 놓았습니다. 나는 말했습니다.

"아시는대로, 이러한 기적의 집회 후에 많은 사람들이 치유받고 나는 전 세계에서 가장 행복한 사람이라고 사람들은 생각할 것입니다. 나는 하나님의 권능이 나타나심을 보아온 것을 감사드리고 있습니다. 그렇지만 치유받지 못한 사람들에 대해서 내가 느끼는 아픔과 슬픔은 아무도 알지 못합니다. 성령과 더욱 더 잘 협력하는 것을 알고 있다면, 하나님을 위해서 더욱 더 권능이 있는 일이 행하여지리라 생각합니다."

나는 눈물이 홍수처럼 흘러 넘치는 것을 멈출 수가 없었으며, 마침내 그 기자는 돌아갔습니다.

3주 정도 지나서 나는 그 기자로부터 편지 한 통을 받았습니다. 편지에는 이렇게 쓰여 있었습니다.

『나는 캔자스시티 스타의 기자로서가 아니고 그날 밤 마지막 집회에서 한 명의 친구를 얻은 자로서 이 편지를 쓰고 있습니다. 그는 변호사였으며, 암으로 죽어가고 있었습니다. 그는 들것에 실려 옮겨져 왔습니다. 당신이 캔자스시티를 떠난 약 일주일 후, 내가 그의 집에 갔더니, 현관에 그의 아내가 인사하러 나왔습니다. 톰은 죽었다고 그녀는 말했습니다. 나는 돌아가려고 했지만, 그녀가 나를 붙드는 바람에 나는 안으로 들어갔습니다. 그녀의 얼굴은 빛나고 있었습니다. 그녀는 말했습니다.

"그 강당에서 있었던 집회는 톰에게 일어난 최고의 것이었습니다. 분명히 그는 치유받지 못했습니다. 그가 실려 들어왔던 바로 그 들것으로 우리는 그를 집으로 데리고 돌아왔습니다. 하지만 그 집회 중에 톰은 죽음을 준비할 수 있었습니다. 그 들것 위에 누운 채로 하나님의 권능이 임하는 동안, 내 남편은 그리스도를 영접했으며, 죄 용서함을 받았습니다. 그때까지 그는 분투하고 있었습니다. 그후 그는 평안했습니다. 죽음은 평안했으며, 승리로웠습니다. 그가 자기의 죄를 용서받은 것으로 인해 예수님께 감사드리는 것을 듣는 것은 놀라운 일이었습니다."』

그 기자는 편지를 이렇게 끝맺었습니다.

『캐트린 쿨만 여사님. 이젠 집회 후에 울지 말아 주십시오. 병든 육신의 치유보다도 더욱 위대한 결과가 있어야 했다고 당신이 생각할 때, 언제나 나의 친구 톰을 기억해 주십시오. 그에게 있어서 일어날 수 있는 최대의 기적은 그의 영혼의 구원이었습니다.』

왜 모든 사람의 병든 육체가 치유받는 것이 아닌지 나는 그 이유를 알지 못합니다. 그러나 어느 누구도 영적으로는 치유받을 수 있습니다. 그것이야말로 어느 누구도 알 수 있는 가장 위대한 기적입니다.

10. 치유와 속죄

하나님이 삼위 일체이듯이 인간도 삼위 일체입니다. 예수님은 인간의 인격 전체인, 몸과 혼과 영을 위해 죽으셨습니다. 하나님이 그분의 아들을 보내시고, 인간들 중 일부만을 위해 죽으시도록 허락하셨다면, 하나님은 불공정한 하나님으로 되어버립니다. 예수님이 십자가 위에서 "다 이루었다."고 외치셨을 때, 사람의 전 존재 사람의 모든 부분, 사람의 몸, 사람의 혼, 사람의 영을 위해 속죄를 통하여 대가를 지불하셨습니다. 모든 부채가 완전히 청산되었습니다.

나는 이런 질문을 종종 받습니다.

"속죄 안에 치유가 있습니까? 그리스도는 우리를 영적인 약함들 뿐만이 아니라, 육신의 질병으로부터도 건져내기 위해 죽으셨습니까?"

출애굽기 12장 3-6절에 기록되어 있는 최초의 유월절로 거슬러 올라가 봅시다.

"너희는 이스라엘 온 회중에게 말하여 이르라 이 달 열흘에 너희 각자가 어린 양을 취할지니 각 가족대로 그 식구를 위하여 어린 양을 취하되 그 어린 양에 대하여 식구가 너무 적으면 그 집의 이웃과 함께 사람 수를 따라서 하나를 취하며 각 사람이 먹을 수 있는 분량에 따라서 너희 어린 양을 계산할 것이며 너희 어린 양은 흠 없고 일 년 된 수컷으로 하되 양이나 염소 중에서 취하고 이 달 열나흘날까지 간직하였다가 해 질 때에 이스라엘 회중이 그 양을 잡고"

7절과 8절에서는 이렇게 말합니다.

"그 피를 양을 먹을 집 좌우 문설주와 인방에 바르고 그 밤에 그 고기를 불에 구워 무교병과 쓴 나물과 아울러 먹되"

그것은 첫 유월절이었습니다. 피는 집 좌우 문설주에 뿌려졌지만, 어린 양의 고기는 먹어야 했습니다. 어린 양의 고기의 진정한 의미를 우리는 잊고 있습니다.

성찬식(이것은 새언약에서 유월절입니다만)에서, 포도주의 의미는 대부분의 사람들이 잘 알고 있습니다. 거의 모든 그리스도인은 손에 잔을 들 때 혹은 강단에서 포도주를 마실 때 예수 그리스도께서 흘리신 피가 혼을 위한 속죄를 한다는 사실을 알고 있습니다. 그렇지만 떡에 대해서는 어떨까요? 떡이 건네질 때마다 몸의 치유를 위해서 받아야 하는 것입니다. 속죄 안에는 인간의 모든 존재가 포함되어 있습니다. 그러므로 이사야는 이렇게 외쳤습니다.

> "그가 찔림은 우리의 허물 때문이요 그가 상함은 우리의 죄악 때문이라 그가 징계를 받음으로 우리는 평화를 누리고 그가 채찍에 맞음으로 우리는 나음을 받았도다"(사 53:5)

그렇습니다. 구속 안에는 치유가 있습니다. 그리스도는 우리에게 치유를 주시기 위해 죽으셨습니다. 단지 영적인 영역의 치유 뿐만이 아니고, 우리의 육체적인 질병의 치유를 위해서도 죽으셨던 것입니다.

그럴지라도, 나는 사람은 영적 치유를 받지 않고 육체의 치유만을 받을 수 있다고는 믿지 않습니다. 이 두 가지는 함께 역사하는 것입니다. 나의 어떤 기적의 집회에서도(육체의 치유가 행해지고 있는 집회가 절정에 달하는 경우도 있습니다) 구원받지 못한 죄인들이 통로를 걸어와서 울면서 "나는 거듭나고 싶습니다."라고 말합니다.

구원과 회개에 대해서는 내가 아직 아무런 말도 하지 않았는데도 말입니다. 나는 구원의 초청을 전혀 하지 않고 있는데도 그들은 앞으로 나아옵니다. 그것은 성령께서 역사하시는 것입니다.

여러분도 보시다시피, 여러분이 치유하시는 성령의 큰 역사하심을 볼 때, 성령께서 깊은 영적인 것들에서도 역사하시고 계심을 알게 될 것입니다. 영적인 치유(구원)는 모든 치유 중에서도 가장 위대한 것이며, 거기에는 언제나 육체의 치유의 기적이 동반됩니다. 사실 그것이야말로 참으로 기적의 이유입니다. 하나님께 영광을 돌리고, 남자와 여자들을 그리스도께로 이끄는 것입니다.

11. 치유의 처방전

사람이 삶 가운데 받아들일 수 있는 가장 큰 적은 두려움입니다. 만일 여러분이 두려움이란 원수를 정복할 수 없다면 육체를 건강케 하는 길에서 멀어져 버리는 결과를 초래하게 됩니다. 삶은 부정적인 것들을 성취하기 위해 지어지지 않았습니다. 삶은 적극적인 것에 공헌하고 사랑을 베풀기 위해 지어졌습니다.

당신은 다른 사람의 문제를 자기가 져주려고 하지 않는다면 자기 자신의 문제도 결코 제거할 수 없습니다.

당신의 마음이 울적해 있을 때, 거기서 벗어나는 가장 좋은 방법은 누군가 다른 사람을 위해 할 수 있는 일을 찾는 것입니다. 여러분이 문제의 수렁에서 어떤 사람을 끄집어 내서 도와줄 때, 그 남은 빈 구멍은 당신 자신의 슬픔들을 묻어버리는 묘지가 됩니다. 매일 나가서 그리스도인이 아니라면 아무도 하려 하지 않는 일들을 하십시오. 머지않아 당신 자신의 문제를 잊어버리게 될 것입니다.

  사람은 자기가 하는 말로 자기를 병들게 해버리는 경우가 있다는 것을 나는 진심으로 믿습니다.

  당신이 조금 통증이 있다는 사실에만 집착하게 되면, 그 통증은 점점 더 커져가는 것입니다. 나는 아버지가 하시던 말씀을 언제나 기억합니다. 그것은 과학적인 것은 아니었습니다.

  여러분은 그것을 의사들의 교과서에서는 찾을 수 없을 것입니다. 그것은 단지 상식일 뿐입니다.

  아버지는 자주 이렇게 말했습니다. "자 나가서 그것을 마무리 하려므나" 세상에서 가장 좋은 약은 열심히 일하는 것입니다. 오늘날에는 무엇에든 약을 줍니다. 많은 사람들이 약을 너무 먹어서 죽게 될 정도입니다.

  그러나 사람들을 일하고 싶은 마음이 들도록 하는 약을 발견한 사람은 아무도 없습니다. 열심히 일하는 것은 내가 알고 있는 가장 좋은 약입니다.

  올바른 정신 상태는 정말 놀랍습니다. 기적을 앉아서 기다리기만 하는 사람은 좀처럼 기적을 발견할 수 없을 것입니다.

  당신은 다른 사람들에게 주는 것으로 당신의 내부에서 역사하시는 하나님을 돕게 됩니다. 당신이 그렇게 할 때, 자신의 두려움과 의심, 자기 중심 같은 것들은 쫓겨나게 됩니다.

기적은 당신의 밖에서 시작되는 것이 아니라, 당신의 내부에서 시작됩니다. 사랑을 주는 편에 당신의 마음을 투자하십시오. 그러면 우주의 모든 치유의 원천은 당신 편이 되어줄 것입니다. 그것을 시도해 보십시오. 그것은 내가 알고 있는 가장 좋은 약입니다.

12. 믿음

정의하기 힘든 믿음으로 불려지는 것에 대해 여러 가지 책들이 저술되고 많은 언급들이 있어 왔습니다. 그렇지만 결국 우리는 그 주제에 대해 실제로는 지극히 조금밖에 알지 못합니다.

믿음은 바라던 것을 소유하게 하는 특질(quailty) 또는 능력(power)입니다. 이 말은 믿음의 정의로서 영감되어진 하나님의 말씀에 의한 가장 근접한 정의입니다. 믿음은 중량으로 잴 수도 없으며, 용기에 담을 수도 없습니다. 그것은 꺼내서, 바라보고, 그리고 분석할 수 있는 것이 아닙니다. 손가락으로 가리키며 "자 이것이 믿음입니다." 하고 말할 수 있는 것이 아닙니다. 시간을 묘사하거나, 에너지를 정의할 수 없는 것과 마찬가지로 믿음도 설명할 수 없습니다.

물리학 분야에서 원자는 그 자체로서 하나의 세계라고 말합니다. 이 작은 세계 안에 존재하는 잠재적 에너지에는 보통 사람들을 당혹하게 합니다.

만일 그것을 정의하려고 한다면 여러 가지 곤란에 직면하게 됩니다. 그리고 성령의 영역도 그것과 마찬가지입니다. 특히 믿음은 더욱 그렇습니다. 그러나 무엇이 믿음이 아닌지에 대해서 우리는 잘 알고 있습니다.

가장 자주 있는 실수들 가운데 한 가지는 믿음을 가정(presumption)과 혼돈하는 것입니다. 이러한 실수를 하지 않도록 우리는 언제나 주의해야 합니다. 왜냐하면 이 둘 사이에는 커다란 차이가 있기 때문입니다.

가령 예를 들어서 해안에 조약돌이 있습니다. 그러나 해안은 하나의 조약돌 이상의 것입니다. 해안에는 수 백만개의 조약돌이 있습니다. 더구나 수 십억개의 모래알도 있습니다. 그 조약돌이 "자기가 해안이다."고 주장할 때 우리는 이렇게 말합니다. "당신은 너무 허풍을 떨고 있어요."

자기의 머리로 생각해 낸 자그마한 것만 확신하고 올바르게 생각하는 것은 아주 조금 뿐이고 종교적으로 멋대로 손질을 해서 어딘가에서 말씀을 인용하여, 또 자기가 말하고 싶은 얼마만을 첨가하여 그것들을 모두 혼합하여 거기에 '믿음'이라는 라벨을 갖다붙이는 사람들이 많이 있습니다.

믿음은 그런 것이 아닙니다. 믿음은 신념(belief) 이상의 것입니다. 그것은 신뢰(trust) 이상의 것입니다. 그것은 확신(confidence) 이상의 것입니다. 그것은 그런 모든 것을 합한 것보다도 이상의 것입니다. 그리고 특히 그것들 가운데 어떤 것도 믿음이 아닙니다. 그 무엇보다도 믿음은 자랑하지 않습니다. 믿음이 순수하고 성령에 의한 믿음이라면 그것은 하나님의 뜻에 반하여서는 결코 역사하지 않습니다.

큰 문제점들 중 하나는 하나님께서 친히 믿음을 인간의 심령에 나누어 주시는 때만이 그것을 받을 수 있다는 사실을 우리가 이해하지 못하고 있다는 사실입니다. 나는 개인적으로 이런 질문을 받습니다. "캐트린 당신은 저 사람의 육신을 치유하기 위한 믿음이 있습니까? 저 사람은 암으로부터 치유받기 위해 당신에게 온 자입니다."(우편으로 기도 요청이 올 때, 그 대부분은 암의 치유를 위한 것들입니다)

내가 그 사람의 치유를 위한 믿음을 가지고 있을까요? 만일 하나님께서 나에게 그것을 주신다면 오직 그때만 나는 치유를 위한 믿음을 가지게 됩니다.

내가 일어서서 누군가가 암에서 치유받도록 기도하고 그리고 그 기도에 동반되는 믿음이 있다면, 그 믿음은 하나님으로부터 오는 은사(선물)입니다.

하나님의 말씀은 믿음은 은사(gift)임을 가르치고 있습니다. 또 예수님은 우리 믿음의 창시자시요 완성자입니다. 큰 문제점들 중 한 가지는 하나님께서 친히 믿음을 사람들의 심령에 나누어 주실 때밖에 받을 수 없다는 사실을 우리가 이해하지 못하는 것입니다.

당신은 믿음을 스스로 만들어 낼 수 없습니다. 당신이 믿음을 서서히 만들어 가는 것은 불가능합니다. 뭔가의 약속을 믿고 있으면서 동시에 그 약속을 실행에 옮기는 믿음을 가지고 있지 않는 경우가 있을 수 있습니다.

그러나 우리는 신념(belief)은 머리로 생각하는 영역의 성질임을 망각하고 신념으로 약속을 실행으로 옮기려고 하는 습관을 몸에 배어 있습니다.

신념으로 믿음을 불러 일으키려 한다면, 우리는 추상적인(metaphysical) 영역에 들어가 버리게 됩니다.

반복해서 말씀드립니다. 우리는 신념이 머리로 생각하는 영역의 성질임을 망각하고 신념으로 약속을 실행해 옮기려고 하는 습관이 몸에 배어 있습니다. 그러나 믿음은 하나님으로부터 오는 것입니다. 믿음은 하나님께서 친히 사람의 마음에 나누어 주시는 것으로 영적인 것입니다. 그것은 따뜻합니다. 그것은 생명력이 있습니다. 또한 그것은 살아 있습니다. 그것은 고동칩니다.

믿음이 주님으로부터 사람들의 마음에 주어질 때, 그 권능은 절대적으로 저항받지 않습니다. 사람이 믿음으로 의롭게 되는 것은, 바로 그러한 마음에 의해서입니다. 마음의 신념(heart belief)이 믿음(faith)입니다. 지적인 신념(mind belief)은 지적으로 동의하는 것과 결부된 강한 희망사항에 지나지 않습니다.

그러므로 우리들 중 대부분의 사람에게 있어서 믿음은 하나의 노력이 되어버렸습니다. 그것은 믿으려고 하는 시도에 불과합니다.

그것은 자기가 확실히 믿는 장소에 마침내 전력을 다해 다다른다는 것일수도 있습니다. 그리고 그때, 우리는 기도하던 것을 받지 못한다는 사실에 당혹감을 느끼게 됩니다.

그러한 신념(belief)은 반드시 영감된 말씀이 믿음이라고 부르는 것이 아니라는 사실을 우리는 분별해야 합니다.

마태복음 17장은 대조(contrast)의 장입니다. 높은 곳에 올라가고, 거기서 낮은 곳으로 내려옵니다. 겨자씨 이야기와 산 이야기가 나옵니다. 낙담과 변형(transfiguration)이 있습니다.

귀중한 하나님의 말씀을 통하여, 믿음이라는 이 위대한 주제에 대하여, 성령께서 얼마나 놀라운 공과를 가르쳐 주시는지요. 산꼭대기에서 우리 주님께서 내려오셨습니다. 영광의 미풍이 주님의 볼에 입 맞추고, 빛의 직조기로 짜여진 옷으로 천사들이 주님의 어깨를 감싸고 있던 그 천국문에서 우리 주님은 내려오셨습니다. 거룩한 교제와 격려의 장소에서 인간의 패배와 낙담의 장소로 내려 오셨습니다.

그 영광스런 산 기슭에 어두운 계곡이 있고, 그리고 그것을 통하여 인간의 고통의 자국이 흘러내렸습니다.

거기에는 질병이 있고, 깨지고 상처나 피흘리는 심령들이 있었습니다. 영도 마음도 큰 타격을 받게 한 듯한 문제에 직면하고 있는 한 아버지가 거기 있었습니다.

설교자들도 확실히 그곳에 있었습니다. 그들은 공식대로 해보았습니다. 그들은 악령을 꾸짖고 외치거나 신음하기도 했습니다. 그래도 기도하고 구하던 것은 일어나지 않았습니다. 그때 예수님이 말씀하셨습니다. 아, 얼마나 비할데 없이 권위있는 말씀이신지요. 그분에게는 어떤 분투(struggle)도 없었습니다.

상심한 한 아버지의 기도에 응답하기 위해 격렬하고 오래도록 신음하는 것도, 안달하여 발버둥치는 것도 하지 않으셨습니다.

단지 예수님은 말씀하셨습니다. 악마는 도망쳤습니다. 소년은 아버지의 팔에 안겨 행복했습니다. 아이를 안은 아버지는 감사드리면서 눈물로 얼룩진 눈으로, 그리고 사랑과 존경의 눈길로 악마를 쫓아내신 분의 얼굴을 바라보았습니다. 그때 예수님께서 말씀하셨습니다.

제자들은 시도해 보았지만, 실패하고 당혹해 하고 있었습니다. 그렇지만 예수님은 그들의 질문에 대답하여 말씀하셨습니다.

"너희 믿음이 작은 까닭이니라 진실로 너희에게 이르노니 만일 너희에게 믿음이 겨자씨 한 알 만큼만 있어도 이 산을 명하여 여기서 저기로 옮겨지라 하면 옮겨질 것이요 또 너희가 못할 것이 없으리라" (마 17:20)

예수님은 자신의 입술로 친히 말씀하신 말씀의 의미는 무엇일까요. "또 너희가 못할 것이 없으리라."

우리에게 필요한 것은 겨자씨만한 크기의 믿음 뿐이며, 우리가 접근하면 산들은 두려움으로 떨게 됩니다.

예수님이 말씀하신 바를 우리는 과연 깨닫고 있습니까? 예수님은 자신이 주실 수 있는 어떤 조그마한 믿음으로도 악마의 어떤 큰 능력보다도 위대하고 강력하다고 선언하신 것입니다.

여기 믿음의 다윗과 불신앙의 골리앗과의 싸움이 있었습니다. 한 알의 겨자씨가 산을 상대로 싸우는 것입니다. 그리고 믿음이 항상 승리합니다. 그러나 그런 믿음은 오직 하나님으로부터 주어지는 것입니다. 뭔가를 행함에 의해서 결코 이런 믿음은 얻을 수 없습니다. 헌금을 드렸기 때문에 또는 자기의 몸을 소진할 만큼 헌신했기 때문에 그런 믿음이 주어지는 것은 결코 아닙니다. 그런 믿음은 지극히 높은 곳에서 오는 것입니다.

그런 믿음은 오직 위로부터 오는 것입니다.

제자들을 믿었을까요? 그렇습니다. 그들은 믿었습니다. 그들은 예수님을 믿었습니다. 그들은 예수님의 약속을 믿었습니다. 그들은 하나님의 치유를 믿었습니다. 만일 그렇지 않았더라면, 그들은 그날 그 치유집회를 결코 열지 않았을 것입니다. 여러분과 내가 치유집회를 믿고 있는 것과 완전히 동일하게 제자들도 믿었습니다. 그들은 기도했습니다. 그렇지만, 아무것도 일어나지 않았습니다.

　예수님 말씀에 의하면, 그들이 필요했던 것은 믿음이었습니다. 자동차 가득 적재할 정도의 큰 믿음이 아니라, 지극히 조그마한 겨자씨 한 알만큼 크기의 믿음이었습니다. 그것으로 충분했습니다. 참된 믿음이라면 그것만으로 충분했던 것입니다.

　이 문제를 정면으로 대면해 보겠습니다.

　성령께서 자신의 빛과 진리를 주셔서, 그 거룩한 봉우리로 우리를 인도해 주시도록 마음을 열고, 마음을 양도하고 구합시다. 우리가 믿음의 기도를 하고 있다고 생각하고 기도했는데, 아무것도 일어나지 않으면, 우리가 믿음이라고 생각한 것이 실상은 전혀 믿음이 아니었음이 명백하지 않습니까? 내가 말씀드리려는 것을 여러분은 이해합니까?

　매우 간단합니다. 정말 간단합니다.

우리가 이 진리를 보게 될 때, 우리는 더 이상 몇시간이나 주위를 맴돌거나, 계속 꾸짖거나, 계속해서 명령하거나 분투하지 않게 됩니다. 믿음에는 힘쓰고 애씀이 없습니다. 중보기도의 장소에는 그러한 힘쓰고 애씀이 있을 것입니다. 그 사실을 알아야 합니다. 그러나 하나님의 믿음이 주어질 때 폭풍은 잠잠해지고 혼 안에는 놀라운 고요와 깊은 평강이 있게 됩니다.

　유일한 시끄러움은 감사와 찬양의 음성뿐입니다. 왜냐하면 그때 날이 새듯이 혼에 완전한 깨달음이 조용히 찾아오기 때문입니다. 질병을 물리친 것은 우리의 믿는 능력이 아니라, 오히려 하나님께서 친히 긍휼로 우리에 주신 믿음이었습니다.

　우리는 치유를 믿을 수 있습니다. 우리는 우리의 복되신 구주와 그분의 치유하시는 권능을 믿을 수 있습니다. 그러나 승리의 높은 산으로 우리를 끌어 올려 주시는 역사는 오직 예수님만 하실 수 있습니다.

　언제나 기억하십시오. 믿음은 선물입니다. 그것을 주시는 분으로부터 우리가 받는 것입니다.

13. 치유의 은사

"형제들아 신령한 것에 대하여……"

바울은 그리스도인들, 즉 영적인 사람들에게 쓰고 있습니다.

"형제들아 신령한 것에 대하여 나는 너희가 알지 못하기를 원하지 아니하노니" (고전 12:1)

성령의 은사는 절대적으로 매우 중요합니다. 성령의 은사는 교회가 기능하는데 필수적인 것들입니다. 성령의 은사들이 없다면 교회는 고린도전서 1장에 기록되어 있는 영적인 장비들을 결여하게 됩니다. 고린도전서 12장은 흑암의 권세를 공격하는 전투에 특히 필요한 부분입니다.

성령의 은사가 없다면, 성령의 임재와 권능이 드러남으로 인해 교회를 세워주는 그 풍성함을 결여하게 됩니다.

성경은 하나님께서 친히 자기 백성들을 초자연적으로 다루시는 것들로 가득합니다. 우리가 그리스도 안에서 새로운 피조물이 되는 거듭남의 경험은 초자연적입니다.

악마(devil)가 그의 인격과 그의 능력과 그의 활동에서 초자연적이란 사실을 그리스도인들은 기꺼이 인정합니다. 그런데도, 같은 그리스도인들이 초자연적인 성령의 세례와 그것에 동반되는 초자연적인 표적, 그리고 초자연적인 은사들을 생각하기를 종종 회피하고 있습니다. 왜인지 나는 알지 못하지만 평범한 사역자는 하나님의 초자연적인 권능과, 초자연적인 현상들의 나타남, 초자연적인 은사들을 매우 두려워합니다.

초대교회는 초자연적인 것 위에 세워졌습니다. 그리고 우리는 그것을 다시 회복해야 할 필요가 있습니다. 성령의 임재가 발견되는 것은 어디든, 언제나 초자연적인 것을 보게 됩니다. 주 예수님이 말씀하셨습니다.

"나를 믿는 자는 내가 하는 일을 그도 할 것이요" (요 14:12)

그분은 또 약속하셨습니다.

"오직 성령이 너희에게 임하시면 너희가 권능을 받고" (행 1:8)

그러나 우리가 성령의 은사를 무시한다면, 우리는 그리스도 안에서 우리에게 주어져 있는 유산을 경시하게 됩니다. 그러므로 사도 바울은 고린도에 있는 그의 동역자들에게 권유했습니다.

"형제들아 신령한 것에 대하여 나는 너희가 알지 못하기를 원하지 아니하노니" (고전 12:1)

'이러한 은사는 단지 교회시대에 들어가기 위해서만 주어졌던 것이어서, 오늘날을 위한 것은 아니다' 라는 의견으로 논쟁하는 사람이 만일 있다면, 우리는 오순절날에 베드로 사도의 말을 인용해야 합니다. 왜냐하면 "이 약속은 너희와 너희 자녀와 모든 먼데 사람 곧 주 우리 하나님이 얼마든지 부르시는 자들에게 하신 것"(행 2:39)이기 때문입니다.

베드로는 시간이라는 망원경을 통해 우리가 살고 있는 이 시대와 때를 보았던 것입니다. 그러므로, 성령의 약속, 성령의 초자연적인 나타나심에 대한 약속은 초대

교회만으로 한정되어 있지 않습니다. 이 약속은 여러분(성령께서 말씀하셨던 사람들)과 여러분의 자녀들(그 다음 세대), 그리고 멀리 있는 모든 사람들 즉, 우리 하나님이신 주께서 부르시는 모든 사람들(오늘날의 우리들)에 대한 약속입니다. 우리가 성령의 능력에 대해 이야기할 때, 우리가 성령의 은사에 대해 이야기할 때, 우리는 그것이 오늘날의 교회가 계승하고 있는 유산임을 기억해야 할 필요가 있습니다. 그리스도인이라면 누구라도, 초자연적인 것들을 즐거워 해야 합니다. 누군가가 하나님의 자녀로서 부르심을 받았다면, 장래 성령의 은사들을 받아야 할 사람이기도 합니다. 그것은 그만큼 간단하지만, 정확히 그런 것입니다.

성경은 어떻게 말씀하고 있을까요?

"은사는 여러 가지나 성령은 같고" (고전 12:4)

사도가 지적하고 있는 것은 이러한 은사는 각각 다를지라도 그 근원은 동일하다는 것입니다. 성령의 다양한 은사들은, 사실 성령의 다양한 나타나심들입니다. 성령께서는 서도 다른 방법들과 서로 구별된 방법으로 자신을 드러냅니다. 다양한 은사들은 한 사람 한 사람 서로 다르게 기능합니다. 기적의 역사를 예로 들어 보겠습니다. 엘리야의 경우, 그것은 그가 몸에 입고 있던 외투

(mantle)와 관계가 있었습니다. 모세의 경우, 뱀으로 변했던 지팡이와 관계 있었습니다. 삼손의 경우, 그의 기적적인 힘은 그의 머리카락과 분리할 수 없을 정도로 관계가 있었습니다. 그의 머리카락은 순종의 표시이고, 그래서 성령께서 그에게 임하셨을 때, 그는 초자연적인 강력함을 유지했던 것입니다.

그러나 어떤 경우이든, 그 역사는 매우 달랐지만, 동일한 은사의 나타남이었습니다.

동일하신 한 분 성령께서 자신의 뜻대로 한 사람 한 사람에게 서로 다르게 주시는 것입니다. 그 사람에게 있어 어떤 은사가 가장 적절하다고 보시는 지는 성령께서 가지고 계신 특권에 의해 결정되는 것입니다.

고린도전서 12장의 마지막 부분에서 사도가 우리는 보다 나은 은사를 열심히 구해야 하며 그가 또한 제일 좋은 길을 보여 주겠다고 기록합니다. 제일 좋은 길이란 무엇일까요? 그것은 하나님의 사랑을 첫 번째로 구하는 것이며, 그리고 우리가 하나님을 보다 잘 섬길 수 있도록, 성령의 다양한 은사들을 구하는 것입니다.

그 대답은 고린도전서 14장에 주어져 있습니다.

"사랑을 추구하며 신령한 것들을 사모하되…"

우리가 하나님의 사랑보다도 영적 은사들을 우선시

한다면 매우 심각한 잘못을 범하게 됩니다. 왜냐하면 가장 우선적으로 중요한 것은 사랑이기 때문입니다.

하나님을 사랑하는 사람들이 영적인 은사를 구하는 것은 정상적인 일입니다. 영적 은사는 성령의 다양한 나타나심이며, 하나님의 영광을 위해, 그리고 하나님의 교회가 부요케 되기 위해 주어진 것이기 때문입니다.

"치유의 은사를 가진 사람들이 적은 것은 왜입니까?"

이 질문은 정당한 질문이 아닙니다. 왜냐하면 어떤 사람에게는 성령으로 지혜의 말씀이 주어지기 때문입니다. 이렇게 물어보겠습니다. "지혜의 말씀의 은사를 받은 사람이 적은 것은 왜입니까?" 다른 사람에게는 지식의 말씀이 주어지기 때문입니다. 지식의 은사를 받은 적이 있는 사람이 적은 것은 왜 입니까? 다른 사람에게는 동일한 성령으로 믿음이 주어지기 때문입니다.

그러고 나서, 치유의 은사, 기적의 역사들, 예언, 영분별, 방언, 방언 통변도 있습니다. 바울이 여기에서 명칭을 말한 것보다도 훨씬 더 많은 은사들이 있습니다. 여러분은 어떤 일을 할지라도 결코 성령을 제한해서는 안됩니다. 아홉가지 은사만으로 성령을 제한해서는 안됩니다. 더 있습니다. 훨씬 더 많이 있습니다.

내가 도달한 결론은 이렇습니다. 완전한 지혜이시며 완전한 지식이신 분, 사람이 자기 자신을 아는 이상으로 그 사람을 잘 알고 계시는 분, 그분은 어떤 은사를 누구에게 신뢰하여 맡기실까를 알고 계신다는 것입니다.

그것은 이렇게 물었던 사람과 동일한 것입니다. "왜 하나님은 제게 부요하심을 축복해 주시지 않으실까요?" 그런데 그 질문을 하는 본인은 자기가 지금 가지고 있는 것으로 지금까지 하나님께 순종하여 섬겨오지 않았습니다. 그는 십일조도 드리고 있지 않습니다. 그것은 당연히 하나님의 것입니다. 자기가 지금 가진 것에 대해 순종하지 않으면, 하나님은 그 사람에게 더 많은 것을 신뢰하고 맡기시지 않습니다. 어떤 사람들의 경우엔, 만일 하나님께서 그 사람들에게 뭔가 은사를 주신다면, 그들은 24시간 안에 그 은사를 잘못 사용해 버릴 것입니다.

하나님은 친히 하시는 일을 정확히 알고 계십니다. 그러므로 아시다시피, 나는 내가 뭔가 영적 은사를 가지고 있다고 자만하여 말하는 일은 없습니다. 캐트린 쿨만은 은사를 가지고 있습니다라고 내 스스로 말한 것을 들은 적이 있는 사람은 한 명도 없을 것입니다. 왜인지 알고 싶습니까? 왜냐하면 나는 어느 특별한 은사에도 큰 책임이 동반된다는 사실을 알고 있기 때문입니다. 그리고 그 책임에는 모든 영광을 하나님께 돌려드릴 것이 요구되며, 그 은사에 대해서 말을 퍼뜨려 소문을 내거나 해서는 안되며, 언제나 그 은사를 주신 분을 높여드리는 것이 요구됩니다. 우리가 찬양드려야 할 것은 그 은사가 아니라 은사를 주신 분입니다.

"캐트린 쿨만은 그것과 전혀 관계가 없습니다. 그녀는 이제까지 누구를 치유한 적은 단 한 번도 없습니다."라고 내가 말하는 것을 듣게 되면 사람들은 싫증을 내지 않을까 하고 나는 때때로 생각합니다. 그래도 나는 다른 누구보다도 이 말이 진실하다는 것을 알고 있습니다. 나는 다른 누구보다도 모든 것은 하나님의 초자연적인 권능이라는 사실을 잘 알고 있습니다. 나의 책임은 세심한 주의를 하여 하나님께 찬양을 드리고 하나님께 영예를 드리고, 모든 영광을 하나님께 드리는 것입니다. 하나님이 나에게 주셨던 것을 나는 매우 주의깊게 지켜야 합니다. 왜냐하면 멀지 않은 장래에 내가 하나님의 영광스런 임재 앞에 서게 될 때, 하나님께서 오늘날 나에게 맡겨 주신 것에 대해서 해명해 드려야 하기 때문입니다.

바로 지금 여러분의 눈을 드십시오. 그리고 여러분은 하나님의 자녀인 것, 또 내가 말해왔던 것은 여러분이 상속받고 있는 것의 일부임을 기억하십시오 여러분은 성령으로 충만케 되길 원하십니까? 성령께서는 여러분이 그분께 양도해 드리는 것을 모두 채워 주십니다.

당신은 성령의 은사를 받길 원하십니까? 자신의 마음을 살펴보십시오. 하나님이 지금 당신께 맡기시고 있는 것에 대해서 자신이 충실하고 성실한 자가 되어 있는지 어떤지 살펴 보십시오. 그리고 특히 성령의 은사는 단

한 가지의 이유만을 위해서 주어지는 것입니다. 즉 하나님의 아들을 영화롭게 해 드리기 위해서만 주어지는 것임을 기억하십시오.

 그 이하 어떤 것도, 아버지 하나님의 매우 귀중한 것을 남용하는 것이 됩니다.

14. 최후의 승리

제가 도달한 결론은 이렇습니다. 이 시대는 삶에 대해서는 거의 모든 것을 알고 있지만, 문제는 삶을 어떻게 살아야 할지에 대해서는 모른다는 것입니다. 삶에 대해서 아는 것만으로는 충분하지 않습니다. 우리는 삶을 어떻게 살아야 할지 반드시 알아야 합니다.

우리는 우리의 육체를 의사에게 맡기고, 우리의 정신(mind)은 정신과 의사에게 맡깁니다. 그리고 우리의 혼(soul)은 사역자들에게 맡깁니다. 그러나 이 세 가지가 서로 분리된 것이 아닙니다. 인간은 삼위 일체적 존재입니다. 즉 육신(body)과 혼(soul)과 영(spirit)입니다. 삶은 종합적인 것입니다. 한 부분에 영향이 미치면 반드시 이 세 부분이 모두 영향을 받게 됩니다.

정신적인 병이나 영적인 병이 육체에 영향을 미치는 정도에 대해서는 의사들 사이에서도 의견이 서로 다릅니다. 그런 질병들은 사이코소우매틱(psychosomatic :

정신작용에 의한 병)이라 불리웁니다. 즉, 그 원인이 정신적 혹은 영적인 것에 근거한 육체의 질병을 의미합니다. 정신질환과 영적인 병은 간단히 여러분의 육체에 영향을 줍니다. 나는 펜실베니아 주 피츠버그에 있는 의사 한 분과 몇번이나 만났던 적이 있습니다.

그가 내 사무실까지 나를 만나러 온 적도 있었습니다. 그는 말했습니다.

"캐트린씨 아시겠지만, 나는 당신의 가르침에 매우 관심이 있습니다. 당신이 하는 말을 매우 자세히 듣고, 당신의 사역을 매우 유심히 지켜보아 왔습니다. 당신이 사역자로서 행하는 일을 나는 의사로서 나의 환자들에게 도입해 보고 싶습니다. 이 두 가지를 결합하면 완벽한 효과를 볼 수 있을 것이기 때문입니다."

존스 홉킨즈 대학교의 한 정신과의가 그 병원에 오는 환자의 40퍼센트는 정신적인 면이나 영적인데 원인이 있다고 말했다고 합니다. 다른 많은 의사들은 그러한 원인이 80퍼센트나 된다고도 말합니다.

인간은 자기보다 더 높은 능력에 자신을 맡기도록 창조되었습니다. 바꾸어 말하면, 인간은 무엇인가에 의해서 지배받도록 되어 있다는 의미입니다.

만일 당신이 하나님으로부터 다스리심을 받고 있지 않다면, 당신은 다른 어떤 것들로부터 지배받게 됩니다. 어쩌면 환경으로부터 일지도 모릅니다. 그러므로 그리스도인은 결코 패배 가운데 침체될 필요가 없습니다. 그렇습니다. 결코 그래야 할 필요가 없습니다. 남성이든 여성이든 하나님을 신뢰하는 사람이라면 결코 패배 가운데 낙담할 필요는 없습니다. 그리스도인이라면 자기가 의기소침할 때는 어디가서 무엇을 해야 하는지 알고 있습니다. "나는 어떤 것에도 어떤 환경에도 지배받지 않습니다!"라고 하는 말은 그리스도인이 말할 수 있는 가장 위대한 선포들 중 하나입니다.

하나님의 뜻에 완전히 다스리심을 받는 사람은 다른 어떤 것으로부터도 결코 지배받는 일이 없습니다. 만일 당신이 하나님의 뜻에 완전히 지배받고 있다면, 병들어 있을 때에도, 정신적으로 긴장하고 있는 때에도, 실망을 당한 때에도, 시험당할 때에도 패배하지 않습니다.

여러분과 저는 단순히 승리하고 있을 뿐만 아니고, 우리를 사랑하신 분을 통하여 압도적으로 넉넉히 승리합니다.

슬픔과 실망과 사망 조차도 우리를 지배할 수 없습니다. 그러나 우리가 예수님으로부터 우리의 눈을 떼고 우리가 예수님의 주권과 다스리심에 복종하기를 거부할 때 우리는 점차 자신의 인생을 환경에 의해 지배받도록 해버리는 것입니다. 질병도 덮쳐옵니다. 그리고 우리는 여러 가지 것들로부터 지배받게 됩니다. 그런 이유로 가장 위대한 치유는 육신의 치유가 아니라, 영의 치유라고 나는 말합니다.

만일 내가 주 예수 그리스도의 복음으로 한 사람 한 사람의 마음에 손길을 펼 수 있고, 하나님은 지금도 여전히 전능하신 하나님이시며 그 사람의 슬픔과 마음의 고통보다도 크고, 그 사람의 환경보다도 강하신 분이심을 이해시킬 수 있다면, 그는 자기가 패배 가운데 침체할 필요는 없다는 사실을 깨닫게 될 것입니다. 예수님은 건강과 풍성한 생명을 위해 필요한 모든 근원을 우리 각 사람에게 주셨습니다. 모든 것은 우리 마음에 달려 있습니다. 우리는 그리스도를 통하여 풍성한 승리의 삶을 살 수 있습니다.

"사람은 스스로 생각하는 것과 같은 존재이다."라는 말이 있습니다. 당신이 패배를 생각하면 당신은 패배하게 됩니다. 당신이 실망을 생각하면, 당신은 의기소침한 인간이 되어버릴 것입니다. 당신은 고통을 느끼는 일 없이 고통을 생각할 수 없습니다. 당신은 아픔없이 아픔을 생각할 수 없습니다.

그런 모든 것들은 동반되는 것입니다.

패배 가운데 침체하지 마십시오. 얻어맞아 풀이 죽은 사람이 되지 마십시오. 하나님은 지금도 여전히 전능하신 하나님입니다. 아브라함의 하나님은 여전히 오늘날 우리의 하나님이시며, 엘리야의 하나님은 오늘날 여전히 우리의 하나님이십니다.

도끼를 물 위에 떠오르게 하신 하나님은 지금도 전능하신 하나님입니다. 반석에서 물이 쏟구쳐 나오게 하신 하나님, 하늘에서 만나를 내리셨던 하나님은 지금도 여전히 살아 계십니다.

과부에게 먹을 음식과 기름을 준비해 주셨던 하나님은 지금도 여전히 전능하신 하나님입니다. 그 사실에 대해서는 전혀 불확실의 여지가 없습니다. 어떤 것들에 의해 지배받지 말아 주십시오. 하나님의 지배를 받으십시오. 그러면 여러 가지 괴로움들이 닥쳐와도(질병과 괴로움을 경험하지 않는 사람은 없습니다) 당신은 승리할 것입니다. 암에 걸리지 않을 만큼 면역을 가진 인간의 육체는 없습니다. 나는 하나님의 치유를 믿습니다. 나는 하나님의 치유를 설교합니다. 나는 육신을 치유하시는 하나님의 권능을 믿습니다. 그러나 그럼에도 불구하고 나 자신의 몸은 암에 걸리지 않도록 면역되어 있는 것이 아닙니다. 나는 자주 그 사실을 생각합니다. 나는 아직 육신의 몸 안에 있습니다.

이 죽게 될 육신은 아직까지 죽지않음(immortality)을 입고 있지 않습니다. 이 썩어야 할 것은 아직 썩지 않는 것을 입고 있지 않습니다. 나는 아직 인류의 한 부분입니다. 나는 아직 육의 몸 안에 살고 있습니다. 나의 몸에 질병이 찾아올지도 모릅니다. 그러나 그때 나에게는 의지처가 되시는 하늘 아버지가 계십니다. 나는 죽을지도 모르지만, 패배 가운데 가라앉는 것은 아닙니다.

전능하신 하나님에 대한 단순한 믿음을 소유하지 못한 사람들은 비극에 직면하게 될 때 어떻게 할 것인가 하고 생각한 적이 수 백만 번이나 됩니다. 그들은 패배 가운데 있습니다. 그들은 의기소침해져 있습니다. 많은 사람들이 자기 연민에 빠져 있습니다. 그러나 "그리스도 안에" 있는 사람들에게는 패배가 없습니다.

죽음은 있을까요?

있습니다! 우리 중 누구에게도 있습니다. 그러나 우리는 단지 승리할 뿐만이 아니라, 비극, 패배처럼 생각되는 것, 괴로움, 그리고 죽음에 직면해서도 압도적으로 넉넉히 이깁니다. 암이나 심장병… 이런 것들이 우리의 삶을 어둡게 하는 요인이 될지도 모릅니다. 그러나 하나님은 지금도 하나님이십니다. 그리고 마지막으로 이 땅의 모든 것들이 지나고 생명과 사망의 문제만 남게 될 때, 다스리시는 분은 하나님이십니다.

15. 믿음과 적극성(gumption)

어느 누구든 한 가지의 문제는 가지고 있습니다. 그 문제란 바로 삶입니다. 삶 자체가 문제입니다. 나는 조그마한 아기를 안을 때마다 이렇게 생각합니다. "정말 귀엽구나. 너는 정말 귀여운 아기란다. 이제부터 무엇이 일어날지를 알고 있다면, 이제부터 너는 한 사람의 인간이란다."

그렇습니다. 어느 누구라도 삶이란 문제를 가지고 있습니다. 여러분께 약속드리겠습니다.

여러분이 인생을 어떻게 살아야 좋을지 모를지라도, 인생이 여러분을 뭔가로 만들어 줍니다. 전능하신 하나님은 여러분을 창조하셨을 때, 자신이 하시는 일을 잘 알고 계셨습니다. 하나님은 당신을 위해서 목적을 가지고 계셨습니다. 당신의 인생을 위해서 목적을 가지고 계셨습니다. 당신이 그 목적을 수행하기 위해서 하나님은 믿음을 성장시키는 뛰어난 능력을 당신에게 풍부히 하셨습니다. 그러므로 믿음이 없는 사람은 시작도 하기 전에 이미 실패하고 있습니다.

우주 산업을 진보시킨 워너 폰 브라운(Wernher von Brown) 박사는 이렇게 말했습니다.

"특히 이 시대는 우리(여러분도 나도, 우리의 자녀들도)가 생존하느냐 그렇지 않느냐는 우리가 여러 가지 윤리적 원칙을 굳게 지키느냐에 달려 있습니다."

그리고 그는 계속해서 이렇게 말했습니다.

"하나님을 믿는 믿음이 매일의 생활에 있어서 하나 하나의 행동에 필요한 도덕적 능력과 지침을 우리에게 제공해 줍니다."

그런데 이런 말은 목사나 사제 또는 복음전도자들의 입에서 나올 것으로 우리는 기대할 것입니다. 그러나 이 말은 세계에서 가장 위대한 과학자 중 한 사람이 기록한 것입니다.

믿음은 매우 강력한 권능이며, 그것이 혼 안에 들어와 사람이 그 믿음으로 살아간다면, 어떤 문제라도 해결해 줍니다. 나는 가볍게 이런 말을 하는 것이 아닙니다. 왜냐하면 지금 이 순간에도 슬픔과 문제, 의심과 분쟁 등으로 가득차 있는 사람들이 있다는 사실을 나는 충분히 알고 있기 때문입니다. 그래도 그런 당신에게, 완전한 패배와 실망을 느끼고 있는 당신에게 나는 말씀드립니다.

그렇지만 당신이 알았으면 하는 것이 있습니다. 그러한 감정에 대해서 즉, 당신의 완전한 패배감, 당신의 슬픔과 당신의 문제, 당신의 의심에 대해서, 나는 하나님의 어마어마한 말씀이라는 권능을 제안합니다. 만일 당신이 믿음을 가지고 있다면 당신에게 불가능한 일은 아무것도 없어지게 됩니다. 믿음은 그것을 혼 안에 넣고, 그것에 의해 생활할 때 인생의 어떤 문제도 해결할 수 있는 강력한 능력이 되는 것입니다.

　성공에 대해서 매우 많은 책이 저술되어 있습니다. 그러나 그 많은 말들을 잘 종합할 수 있다면 성공을 위한 공식은 "믿음과 적극성(gumption)"이 될 것입니다. 물론 성경은 다른 표현으로 이것을 서술하고 있습니다. 야고보서 2장 26절에 이렇게 말씀하고 있습니다.

"영혼 없는 몸이 죽은 것 같이 행함이 없는 믿음은 죽은 것이니라"

　영이 떠난 육신이 분명히 죽어 있듯이 행함이 없는 믿음도 죽은 믿음입니다. 이것은 우리가 살고 있는 이 시대에도 정확히 적용되는 말입니다. 어느 누구라도 성공을 원할 수 있습니다. 그러나 뭔가를 일으키는 데는 적극성이 필요합니다. 믿음과 원함만으로는 충분하지 않습니다.

당신이 온 세상의 믿음을 모두 다 가지고 있을지라도, 다만 가만히 앉아서 믿음만 외치면서 뭔가가 일어나기를 바라는 것만으로는 지금부터 죽을 때까지 앉아 있을지라도 아무것도 일어나지 않습니다.

 믿음이 없는 행함은 죽은 것입니다. 그렇지만 행함이 없는 믿음으로는 아무것도 성취하는 것 없이 그냥 있게 됩니다. 이루기 위해서 노력하지 않으면 안됩니다. 적극성이 요구됩니다.

 미주리 주에 예리하고 뛰어난 지성의 소유자가 있었습니다. 그가 17세 때 미주리 주 캔자스시티에 있는 쉬니(Sweeney) 기술학교 교장이 이 청년은 기계에 대해서 천재라고 말했습니다. 그는 항공 기술 분야에서는 당연히 성공할 만한 그런 사람이었습니다. 칸사스 주 위치타 공군기지에서 근무해 주도록 정부가 요청했을 정도로 그는 뛰어난 천재였습니다. 그의 동료들도 이구동성으로 그를 기계의 천재라고 말했습니다.

 그렇지만 그가 어떤 인생을 보냈는지 아십니까? 말해 드리겠습니다. 그 사람은 바로 나의 오빠입니다. 그는 지금까지 한 번도 뭔가를 성취한 적이 없습니다. 이제부터도 여전히 아무것도 하지 않을 것입니다. 왜 그런지 알고 싶으세요? 말씀해 드리지요. 그는 지적입니다. 능력이 있습니다. 그러나 그는 적극성이 없습니다.

어느 날 내가 매우 화가 난 적이 있었습니다. 나는 어머니 곁에 앉아서 말했습니다. "엄마 알고 있어요? 하나님이 살게하신 사람들 중에 엄마의 저 아들만큼 게으름뱅이는 없어요." 어머니는 그냥 웃기만 했습니다.

그때의 기억은 마치 15분 전에 일어났던 것처럼 나는 그때 일을 지금도 잘 기억하고 있습니다. 어머니는 매우 부드럽게 말했습니다. "그런데 캐트린 알고 있을거라 생각하지만, 저 아이는 요전에 수술을 받고 난 후, 그다지 몸이 좋지 않아요…" 요전의 수술? 그가 받은 수술이라면 15세 때 받은 맹장절제수술 뿐이었습니다. 그 이후로 그는 하루도 아팠던 적은 없었습니다. 나는 말했습니다. "엄마 무슨 수술?" 어머니는 말했습니다. "그 애가 열 다섯 살 때 받은 맹장제거수술, 그건 대단했어."

이것은 어머니의 사랑이었습니다. 그렇지만 여러분께 말해드리겠습니다만 어머니가 아무리 따뜻한 사랑을 쏟아부어도, 그것만으로는 귀한 아들을 성공시킬 수 없습니다. 여전히 적극성이 필요합니다. 노력하지 않으면 결코 성공할 수 없습니다.

그리고 제가 지금부터 말하는 것은 많은 사람들을 화나게 할 것입니다. 어느 누구라도 병들게 될 가능성은 있습니다. 재난이나 불행도 역시 그렇습니다. 그러나 대부분의 경우 그것은 일시적입니다. 하지만 오늘날 적극성이 없기 때문에 매달 정부로부터 생활구제를 받고 있는 사람들은 수 십만이나 됩니다. 그들은 일시적인 불행을 영속적인 불행으로 만들고 있습니다. 일어나 자신의 상황에서 무언가를 하면 생산적이고 창조적인 생활을 다시 한 번 시작할 수 있는 사람은 많습니다.

완전히 똑같은 재료를 사용하면서 한 사람은 궁전을 건축하고 또 한 사람은 오두막을 짓습니다. 그리고 오두막을 짓는 사람은 열심히 일해 저택을 지은 사람을 시기하고 비판하는 일이 자주 있습니다.

나는 실패한 많은 사람들을 알고 있습니다. 그들은 성공한 사람들보다 더 뛰어난 두뇌의 소유자들이며, 육체도 튼튼합니다. 그러나 성공하기 위한 적극성이 결여되어 있었습니다.

믿음과 적극성이 있으면 성취할 수 있는 일에 대한 제한은 없습니다. 전혀 없습니다. 하나님께 대한 당신의 믿음이 그대로 있는 한, 능력의 저장고 안에 있는 모든 능력을 마음껏 사용할 수 있습니다.

"내게 능력 주시는 자 안에서 내가 모든 것을 할 수 있느니라"(빌 4:13)

예외는 없습니다. 이것은 하나님의 말씀이며, 여러분은 이 말씀에 자신의 인생을 거는 것도 가능합니다.

그렇지만 나의 말을 들어보십시오. 당신이 일어나서 그 의자에서 나와 무언가를 시작하기 전까지는 하나님은 당신이 뭔가를 실현시키는 것을 어느 한 가지도 도와주시려 하시지 않습니다. 행함이 없는 믿음, 적극성이 없는 믿음은 죽은 것입니다. 그러나 하나님의 능력과 당신의 적극성이 있다면 기회는 무한히 있습니다.

16. 성공의 비결

처음에는 가난했지만, 마침내 오늘날의 큰 부호들 가운데 한 사람이 된 남성이 있습니다. 그가 분명히 밝혔던 내용과 함께 시작하도록 하겠습니다. 그는 이렇게 말했습니다.

"내가 성공한 것은 성공하지 못한 사람들보다 뛰어난 능력이 있었기 때문은 아닙니다. 나는 그들보다 열심히 일하고, 그것을 그들보다 오래 계속했기 때문입니다."

무엇을 해도 성공하지 못했던 많은 사람들을 나는 알고 있습니다. 그 사람들은 나보다 뛰어난 능력이 있습니다. 하지만 문제는 능력이 아닙니다. 그들은 실행에 옮기는 것과 결의하는 것이 결여되어 있었을 뿐입니다.

한 사람의 회사 중역을 알고 있는데, 그는 바닥에서 시작했습니다. 그는 지금까지 많은 장애와 실망을 극복해야만 했습니다. 정상에까지 도달하는 사람은 자기에게 요구된 것만 하는 것으로 만족하지 않는 사람입니다. 그는 그 이상의 것을 합니다.

그는 성공하려고 생각한다면, 다른 사람들로부터 받은 1달러에 대해서도 성실하게 갚지 않으면 안된다고 마음에 결심하고 있습니다. 이것은 성공의 기본 원칙입니다. 반드시 해야 할 일이 당신에게 있을 때, 열심히 그리고 능숙하게 그것을 하십시오.

내 친구가 어느 유명한 최고 경영자의 이야기를 나에게 해주었습니다. 그는 전에 이렇게 말했다고 합니다.

"매우 머리가 좋으면서도 참을성이 없는 사람과, 머리는 보통이지만 매우 참을성이 있는 사람 중 한쪽을 선택한다고 합시다. 나는 언제나 참을성 있는 사람을 택합니다. 게으른 자가 기계가게 안에 있는 모든 연장과 도구들을 사용할 수 있는 것보다, 결의가 견고한 사람이 녹이 쓴 렌치를 사용하는 쪽이 더 많은 일을 할 수 있습니다."

이것이 바로 결정적 요인이 아니겠습니까? 놀랍습니다. 뭔가 작은 것을 능숙하게 할 수 있다면, 더 큰 것도 능숙하게 할 수 있다고 확신을 가질 필요가 있습니다. 40세 때에는 아직 무명이었는데, 그후에 대량생산을 멋지게 성취한 한 사람이 있습니다. 그는 작은 일로 나누어버리면 어떤 것도 특별히 어려울 건 없다고 말합니다.

자신의 인생에서 걸출한 성공을 이룩한 한 경영자는 자신이 당초 보물처럼 여기고 있던 것은 "친절함이 배여 있는 미소, 협조적인 마음가짐, 그리고 열심히 일에 착수하여 그것을 성취하는 것이었습니다."라고 솔직히 인정하고 있습니다.

당신 자신이 머리 속에서 제한하지 않는 한 당신이 할 수 있는 일에 제한은 없습니다. 당신은 "나는 할 수 없다."고 생각하지 말아주십시오. "할 수 있다."고 생각하십시오. 그러면 가능하게끔 되는 것입니다. "여러분이 관여하고 있는 일을 집중해서 하십시오." 라고 유력한 실업가가 충고했습니다.

"그 일에 꽉 달라 붙으십시오. 어떤 개선이라도 수용하십시오. 그것을 철저하게 조사하십시오. 그리고 인내하십시오. 자신의 직장, 일의 방법, 그리고 제품에 대해서 잘 알고 있는 사람, 자기 일을 능숙하게 행하고, 누군가가 뒤에서 뒤치닥거리를 해줄 필요가 없는 사람은 성취에 이르는 가장 안전하고 가장 확실한 그리고 가장 빨리 갈 수 있는 길을 걷고 있는 것입니다."

아시겠지만, 미리 어떤 일을 달성하기 위해 필요한 가장 확실한 방법은 그 일을 다른 누구보다도 어느 정도라도 열심히 하는 것입니다.

고용자는 언제나 보통 이상의 일을 하는 사람들을 찾

고 있습니다. 생각하는 사람들입니다. 기대 이상의 것을 하여 주의를 끄는 그러한 사람들입니다. 그런 사람들은 어려움없이 자신의 가치를 인정받게 됩니다. 그들은 동료들보다 뛰어납니다. 모든 사람들에게는 풍부한 가능성이 있습니다.

자, 일을 시작하십시오.

17. 결의

부디 지금 시작하십시오. 성공하기 위해서는 어떻게 하면 좋을까 하는 이 문제는 간단하며, 더구나 매우 중요한 몇가지 단계로 요약할 수 있습니다.

첫 번째로 성공하고 싶다고 진지하게 원한다면, 마음과 뜻을 다하여 그것을 추구해야 합니다. 당신에게 있는 모든 에너지와 모든 열정을 다해서 추구해야 합니다. 당신이 추구하는 목표를 겨냥하여 일하고, 행동하고, 살아야 합니다.

두 번째로 실망과 뜻하지 않던 장애물로 인해 안절부절하거나 낙담해서는 안됩니다. 당신은 그런 것들을 웃으면서 뛰어넘어야 합니다. 그리고 당신의 친구나 주변 사람들로부터 가시돋힌 비판적인 말을 들었다고 해서, 한 순간이라도 자기의 목표에서 눈길을 떼서는 안됩니다.

세 번째로 소란스럽지 않는 고요함(unruffled calm)으로 자기의 일을 하는 사람, 협력하는 것을 두려워하지 않는 사람, 다른 사람의 충고와 비평을 환영하는 사람, 언제나 기꺼이 배우고자 하는 사람, 마음을 열고 주의깊게 귀를 기울이고 계속적으로 관찰하는 눈이 있는 사람입니다. 언제나 자기의 최선을 다하는 사람입니다. 그러한 사람이야말로 분명히 전진하고, 성공하는 사람입니다. 적극성도 필요합니다. 보상은 크며, 기회는 무한합니다.

사업에 성공하기 위한 원칙이 그리스도인의 생활 원칙에도 동일하게 적용됩니다. 당신이 성공적인 그리스도인이 되고 싶다면, 당신의 마음을 그것으로 정해야 하며 결코 뒤를 돌아보아서는 안됩니다. 당신은 진실로 그리스도인이 되고 싶습니까? 당신은 진정으로 구원의 기쁨을 가지길 원합니까? 당신은 진정으로 당신의 마음(heart)과 생각(mind)에 하나님의 평강을 원합니까? 당신이 그것을 원한다면 당신은 그것을 가질 수 있습니다. 그러나 원함이 바로 그 열쇠입니다.

당신이 성공적인 그리스도인이 되기로 결심했다면 영광스러운 거듭남의 경험에서, 예수님은 당신의 마음과 당신의 삶 안으로 와 주십니다. 그리고나서 당신은 자신이 추구하는 목표를 겨냥하여 일하고 행동하고 살아가야 합니다. 단지 일요일만이 아닙니다. 당신의 삶 전체에서 그렇게 해야 합니다. 당신의 삶이 그렇게 되도록 결심하십시오. 당신이 소유하고 있는 모든 것으로 그것을 추구하십시오.

성공한 비즈니스맨, 혹은 인생에서 당신이 하고 있는 것에서 성공자가 되고자 자신을 열중할 수 없다면, 성공한 그리스도인이 되려고 자기를 열중하는 것도 또한 불가능합니다.

그렇기 때문에 오늘날 믿음에서 타락하는 사람들도 있는 것입니다. 그들은 자신이 가지고 있는 모든 것으로 그리스도인이 되어 있지는 않습니다. 날마다 성공적인 그리스도인의 삶을 사는데는 참으로 바로 그것이 필요합니다. **"네가 사는 날을 따라서 능력이 있으리로다"**(신 33:25)라고 성경은 기록하고 있습니다. 그것은 매일 날마다를 의미합니다.

분명히 장애물도 있을 것입니다. 시련도 있을 것입니다. 마음이 상하는 일도 있을 것입니다. 유혹도 찾아올 것입니다. 그렇지만 당신이 날마다 그리스도인의 생활을 살아가고 있다면, 언젠가는 그 유혹에 직면하게 됩니다.

성령은 당신에게 능력을 주시는 거룩하신 분입니다. 낙담과 생각지 못한 장애물을 만나 기가 죽지 마시고, 낙심하지도 말아 주십시오. 미소를 지으며, 그것들을 뛰어 넘으십시오. 스스로 패배를 허락해 버리지 않으면,

성공적인 그리스도인이 되는 것으로 패배할 필요 같은 것은 어느 누구도 없습니다.

 확실히 당신은 대가를 지불하게 됩니다. 성공은 우연히 일어나는 것이 아닙니다. 그렇지만 당신에게 약속드리겠습니다. 보상은 엄청나며, 기회는 무한합니다.

18. 미주리 옥수수 빵

나의 사역을 알지 못하는 사람들이 나에게 온 우편물을 개방해 본다면, 편지를 읽고도 이해하기 힘들거라고 생각합니다.

"오! 캐트린 쿨만씨 우리는 당신이 말하는 미주리 옥수수 빵을 정말 좋아합니다." 그러나 여러분도 아시다시피 내가 마치 옥수수 빵 같다고 하면 내가 "미주리 주 옥수수 빵"이 되어버리는 것은 어쩔 수 없습니다.

나는 정말 미주리 옥수수 빵같은 그런 사람입니다. 나는 나의 "옥수수 빵"에 버터를 조금 바른 적도 있지만, 대개는 아무것도 바르지 않은 옥수수 빵 그대로입니다.

어떤 부인이 편지를 써 보냈습니다.

"정직히 말씀드리면 나는 꼭 당신의 어머니가 만든 것 같은 옥수수 빵을 보고 싶습니다."

다른 사람들은 어느 누구도 그것을 최고라든가, 세계에서 제일 맛있다고는 생각하지 않겠지만 나는 그것을 매우 좋아합니다. 그리고 그것과 마찬가지로 나의 설교에 대해서도 그렇습니다. 하나님의 말씀에 대해서도 그렇습니다. 나는 집회 후 무대나 강단에서 떠난 후에 나는 내 자신에게 말합니다. "어느 누구도 내 설교에 만족하지 않았다고 해도 나는 만족해" 나만큼 그리스도인임을 즐기는 사람은 아무도 없습니다. 그렇습니다. 나는 그것을 즐깁니다. 나는 나의 구원을 즐거워합니다. 나는 나의 거듭남을 즐거워합니다. 나는 이러한 그리스도인의 삶과 그리스도인으로서의 삶의 방식을 즐거워합니다. 나는 다른 어떤 것과도 그것을 바꾸고 싶지 않습니다.

더 좋은 것이 있다고 생각했다면 나는 그것을 추구했을 것입니다. 그렇지만 그리스도인으로서의 삶의 방식은 내가 알고 있는 가장 좋은 것입니다. 오, 나는 설교를 즐깁니다. 나는 무엇을 먹거나 잠을 자거나 또는 다른 무엇을 하는 것 보다도 차라리 설교를 하고 싶습니다. 전 세계에서 나만큼 설교하는 것을 즐기는 사람은 없을 것입니다. 성경을 읽는 것에 대해서도 같은 말씀을 드릴 수 있습니다. 나는 하나님의 말씀을 읽으면 반드시 하나님의 축복을 받습니다. 성경을 읽는 것은 반드시 나에게 무엇인가를 해줍니다.

그렇지만, 특히 나는 나의 하늘 아버지와의 관계를 즐깁니다. 그것이야말로 그리스도인의 모든 것입니다.

따르기만 하면 성공을 가져다주는 몇가지 법칙이 있

습니다. 그리스도인 사이에서는 실패할 필요는 전혀 없습니다. 그러한 영적 법칙들을 따르면 당신은 하나님의 눈에서 뿐 아니라 당신 자신의 눈에도 성공자가 될 것입니다.

패배한 인생이 하나님의 계획 중 한 부분이었던 적은 지금까지 단 한 번도 없었습니다. 하나님은 날마다 성공적인 그리스도인의 삶을 살기 위해 필요한 모든 도구를 우리에게 주십니다.

누군가가 그리스도인 생활에서 패배하는 것이 하나님의 계획이며 예수님의 마음이라고 생각하고 있습니까? 예수님이 그러한 마음을 가지셨던 적이 있다고 생각하십니까? 물론 그렇지 않습니다. 당신이 그리스도인으로서 패배한 경험이 있다면 그것은 당신이 패배에 굴복해 버렸기 때문이지, 하나님이 당신에게 승리에 이르기 위한 모든 것을 주시지 않았기 때문이 아닙니다.

바울은 말합니다.

"나는 모든 것을 할 수 있습니다. 내 자신의 강함으로가 아닙니다. 내가 자신의 의지로 모든 것을 하기 때문이 아니고, 마음가짐(mental attitudes) 때문도 아닙니다. 적극적 사고방식 때문도 아닙니다. 그리스도를 통해서입니다."

당신은 삶에서 패배할 필요가 없다고 바울은 말하고 있습니다. 당신의 평생 모든 날동안 당신은 그분의 자녀입니다. 하나님의 자녀들 한 사람 한 사람을 위해서 날마다의 능력이 예비되며, 그날 그날의 용기가 주어지며, 그분의 믿음(His faith)도 그날 그날 당신에게 주어지는 것입니다. 만일 내가 패배한다면 그것은 단지 나 자신의 탓입니다. 만일 당신이 패배한다면 그것은 단지 당신 자신의 탓입니다.

누군가 다른 사람의 탓으로 돌리는 것은 너무나 간단합니다. 그것은 인간의 약점들 중 한 가지입니다. 잘 아시겠지만 그것은 아담과 하와에게로까지 거슬러 올라갑니다. 오, 분명히 이런 내용이 기록되어 있습니다. "그가 나를 유혹했습니다." "그들이 이런 짓을 했습니다." "내가 잘못한 것이 아닙니다. 모두 그 사람 탓입니다."

이것이야말로 인간의 약점입니다. 그러나 매사(每事)를 바르게 보고, 자신을 직시해 보면, 자신의 탓일 수밖에 없는 것입니다. 우리는 그것을 이웃의 탓으로 돌리거나 친척들 탓으로 돌려서는 안됩니다. 그렇게 하면 책임을 덮어 씌울 수 있는 상대로서 마지막 남는 분은 하나님밖에 없게 되며, 하나님은 우리 탓으로 되돌릴 수 없을 거라 생각하고 하나님 탓으로 돌리는 것입니다.

하나님을 두려워하여 마귀 탓으로 돌리는 사람들도 있습니다.

여러분께 말씀드립니다. 그것이 바로 내가 염려하는 것입니다. 이런 사람들은 일어나는 어떤 일도 마귀 탓으로 돌립니다.

"캐트린 쿨만씨 마귀가 나에게 이런 짓을 했다는 것을 말해드립니다. 모든 것은 질서정연하게 진행될 터였는데, 이것도 마귀가 했고 저것도 마귀가 한 짓거리입니다…"

가까운 거울로 가십시오. 그 거울 앞에 서 보십시오. 그러면 당신은 누구의 탓으로 해야 하는지 알게 될 것입니다. 마음을 넓히고, 진실로 비난해야 할 사람을 비난하십시오.

나는 사단의 능력이 있음을 믿고 있습니다. 그렇지만 사단은 여러분이 사랑하시는 분, 주 예수 그리스도를 패배시킬 수 없는 것과 마찬가지로, 여러분을 결코 패배시킬 수 없습니다. 예수님은 패배에 굴복한 적은 없으셨습니다. 그분은 유혹에 굴복한 적도 없으셨습니다. 마찬가지로 여러분도 사단에 굴복할 필요가 없으며, 유혹과 패배와 실패에 굴복할 필요가 없는 것입니다.

이렇게 말하는 사람이 있습니다. "당신의 어머니가 미주리 주에서 만든 옥수수 빵은 그런 것이었습니까?"

어머니는 그것이 나의 몸에 좋다고 말했습니다. 분명히 그랬지요. 왜냐하면 나는 어른이 되어서 매우 건강한 미주리 주 사람이 되었으며, 건강한 그리스도인이 되었기 때문입니다.

거듭남의 경험, 이것은 여러분도 아시다시피, 여러분

이 죽음에서 생명으로 옮겨진 경험입니다. 어느 누구의 인생에서도 이것은 최대의 변화입니다. 이 놀라운 경험을 하고 얼굴에서 눈물을 닦아낸 뒤 자리에서 일어나서 그리스도인의 삶은 그것뿐이라고 믿고 있는 사람들이 참으로 수 천명이나 있습니다.

그렇지만 여러분, 그것은 시작에 불과합니다. 그것은 단지 시작일 뿐입니다. 더욱 더 앞으로 나아가 하나님의 것들에 대한 여러분의 지식을 향상시켜야 할 필요가 있습니다. 당신의 마음과 당신의 삶 가운데 받아들인 것에 대해 아직 충분히 알고 있는 것이 아닙니다. 우리는 지금, 교회시대의 마지막 순간에 살고 있습니다. 얼마나 놀라운 때에 살고 있는지요. 지금은 하나님의 자녀들에게 위대한 모험의 때입니다. 하나님은 성령을 전 세계 많은 사람들 위에 부으시고 계십니다.

그러나 성령으로 충만해진 사람들 가운데, 그 경험을 한 후 어떻게 해야 하는지 알고 있는 사람이 매우 적은 것을 여러분은 깨닫고 있습니까? 성령 충만의 참된 성경적인 목적을 알고 있는 사람이 매우 적습니다. 그렇습니다. 그러므로, 이 아름다운 경험에 비난을 불러 일으키는 사람들이 많이 있습니다. 그들은 성령의 인격에 대해 비난을 초래하고 있는 것입니다. 왜냐하면 그들은 말씀의 지식없이 충만해져 있기 때문입니다.

이 세상에서 최악의 무지는 영적인 무지입니다. 영적

지식없이, 말씀의 지식없이 열심만 있는 것만큼 좋지 못한 것은 없습니다. 그리스도인은 하나님의 말씀을 깊이 알아야 할 필요가 있습니다. 여러분은 자기의 죄가 용서받았다는 사실 만으로 만족하고 있어서는 안됩니다. 성경이 진실로 여러분의 육의 한 부분이 되고, 여러분 생명의 한 부분이 되고, 또한 여러분의 생활방식의 한 부분이 되고, 호흡의 한 부분이 되기까지 해야 합니다. 그러므로 여러분 우리는 인류 역사상 가장 위대한 시대, 모험으로 가득찬 시대에 있습니다. 우리는 하나님의 자녀입니다. 성령은 모든 육체 위에 계속해서 부어지고 있습니다. 최상의 포도주가 마지막 때를 위해 예비되어 있습니다. 우리의 소유가 된 것은 많이 있지만, 그것을 어떻게 해야 좋을지 알지 못하는 것입니다.

내 삶의 초창기에 배웠던 비결 중 하나는 이것입니다.

"너는 진리의 말씀을 옳게 분별하며 부끄러울 것이 없는 일꾼으로 인정된 자로 자신을 하나님 앞에 드리기를 힘쓰라"(딤후 2:15)

이것이 바로 아무것도 바르지 않는 그 옛날의 미주리 옥수수 빵입니다. 그것을 하는 것은 여러분 차례입니다. 그 나머지는 하나님이 해 주십니다.

19. 신경증(Nerves)

"대저 그 마음의 생각이 어떠하면 그 위인도 그러한 즉……"(잠 23:7)

신경증은 전혀 질병이 아니며, 여러 수준에서 감정이 격동하는 것입니다. 상황이나 환경이 어떻든 그 자체가 두려워해야 할 재난은 아닙니다. 언제나 그 사실을 기억하십시오. 우리가 조금만 적절한 대응을 취하면 승리를 가져올 수 있습니다. 정말 그렇습니다.

두뇌는 전신 전화국의 중앙 사무실에 비유할 수 있습니다. 각각의 두뇌세포는 일 분 간의 전화 장치 같은 것으로, 그것에 의해 메시지가 몸의 여러 부분에 보내지며, 몸의 여러 부분(위, 간장, 손가락, 발가락, 피부 등)으로부터 호출을 받기도 합니다.

뇌와 몸의 여러 부분을 연결하는 선(wire)은 신경이라고 불립니다. 그것은 중핵(central core)을 막(membrane)으로 둘러싼 살아있는 조직의 선이며, 절연피막(insulated covering)에 싸여진 전선과 닮아 있습니다. 신경을 그 시작(아마도 피부의 한 세포)으로 하여 더듬어 가면 뇌세포에 도달합니다.

그러나 한 가지 사실을 마음에 새겨 두십시오. 신경은 전달수단에 지나지 않는다는 사실입니다. 신경 스스로 어떤 기능을 하고 있는 것은 아닙니다. 그러므로 대개의 경우 자신의 신경증으로 불평을 말하는 사람은 자기가 말하는 것의 의미를 알지 못합니다. 신경증이라 불려지는 것의 대부분의 경우, 신경계(조직)을 완벽하게 기능하고 있음을 알 수 있습니다. 그렇기 때문에 문제는 그것보다도 훨씬 더 깊은 곳에 있음이 분명합니다.

여기에서 우리는 눈에 보이지 않는 내적인 일꾼에 당도하게 됩니다. 그것은 중앙 사무실을 통괄하고 있으며, 또 몸을 컨트롤 하기 위해서 이 놀라운 메커니즘(mechanism:장치)을 움직이고 있습니다. 우리는 이 내적인 일꾼 그대로를 마음(mind)이라고 부릅니다.

이른바 '신경증'(안절부절 못하는 정도의 가장 가벼운 것에서부터 격렬한 히스테리 증상에 이르기까지)은 어떤 것이든 몸의 정상적인 콘트롤을 방해하는 마음의 어떠한 상태에 의해서 일어나는 것입니다.

이 점을 이해하면, 우리는 이러한 증상을 올바르게 다스릴 수 있습니다.

가령 손을 예로 들어보겠습니다. 내 손이 진동하는 것을 알아차릴 때가 있습니다. 나는 이렇게 말합니다. "내 손이 진동하고 있다. 신경증이 틀림없어. 뭔가가 내 마음을 지독하게 흔들고 있군"

　당신의 손이 떨리면 당신은 신경증이라고 말합니다. 어떤 이유로 당신은 근육을 정상으로 사용할 수가 없습니다. 그것은 마음의 상태에 원인이 있습니다. 바꾸어 말하면, 우리가 신경증이라고 부르는 것은 중앙 사무소에서 기능의 일부를 콘트롤 할 수 없게 된 것입니다. 그것이 심해지면 히스테리라는 상태가 됩니다(아주 조금 화나게 하는 것에도 히스테리가 되는 사람들이 있다는 것은 누구라도 알고 있습니다. 가족 중에 있을지도 모릅니다). 당신이 당신의 감정으로 하여금 책임지고 전혀 자제하지 않게 해버리면 당연히 그 결과는 히스테리(또는 그것의 어떤 형태)가 되어버립니다.

　몇 년인가 전에 나는 남침례교회에서 두 주간에 걸쳐서 부흥집회를 열고 있었습니다. 당시 나는 젊었고, 아직 경험도 부족했습니다. 나는 그 교회의 한 사람 집에 묵고 있었습니다. 그녀의 연령은 70대였으며, 아주 멋진 분이셨습니다. 나는 손님용 침실에서 잠을 잤습니다. 그때는 루스벨트 대통령이 세 번째 당선을 목표로 선거운동을 하고 있던 주간이었으므로, 매우 생생하게 기억하고 있습니다.

 미스 안나(나를 묶게 해주신 분)에게는 친구 한 명이 있었습니다. 아마 그녀보다 7~8세 위였다고 생각됩니다. 그녀는 큰 몸집의 풍채가 좋은 여성으로 루스벨트의 세 번째 당선은 극구 반대했습니다. 그녀는 단호한 결심으로 루스벨트를 저지하기 위해 입후보하여 원 우먼 캠페인(one woman campaign)을 전개하고 있었습니다.

 그녀의 남편은 매우 유복한 사람으로 그녀는 자신의 선거 활동에 그야말로 수 천달러나 사용했습니다. 선거 투표일 밤, 그녀는 정신적으로 긴장하고 또 너무나 혹사한 육체로 완전히 지쳐버렸습니다.

 오후 7시경, 그녀의 남편이 말했습니다. "자는게 좋아요. 좀 휴식을 취해야 해요. 최종 투표 결과를 알게 되면 내가 전화할테니 아무것도 놓치지 않아요."

 그녀는 눈을 뜨면 자신은 대승리를 얻고 커다란 환영을 받게 될 것이라고 확신하고 잤습니다. 여러분들 중에서 당시를 아는 분들은 그 선거 결과가 어떠했는지 아실 것입니다. 루스벨트는 압도적인 승리로 삼선되었습니다. 나는 결코 잊지 않을 것입니다. 미스 안나의 집에 전화가 걸려 왔습니다. 아직 자고 있는 그녀의 남편으로부터 왔던 것입니다. 그는 말했습니다. "안나씨 곧 와주세요. 루스벨트씨가 당선됐어요. 그리고 그것 때문에 아내가 죽게 될 것이에요. 그녀가 잠에서 깨면 나는 말해주지 않으면 안되요. 그렇게 된다면, 그녀는 죽게 되요. 그녀는 심장발작을 일으키게 될 것입니다 빨리와서 그녀에게 말하는 것을 도와 주십시오."

미스 안나는 말했습니다. "캐트린씨 곧 돌아오겠습니다. 얼마나 걸릴지 모르지만…" 그녀는 나중에 무슨 일이 일어났는지 말해주었습니다.

오후 두시 미스 안나는 기운차리게 하는 약(smelling salts)을 가지고 그 방에 살그머니 들어갔습니다. 그녀는 자기보다도 나이가 많은 그 여성이 갑자기 죽지 않도록 충분히 조심하고 있었습니다. 그녀는 눈을 뜨고, 미스 안나가 곁에 있는 것을 보았습니다.

"안나? 어떻게 되었어요? 선거는 우리가 이겼지요?"

미스 안나는 손에 기운차리게 하는 약을 가지고 나이가 많은 친구에게 다가가서 말했습니다.

"유감이지만, 루스벨트가 삼선되었어."

그 덩치 큰 여성은 침대 위에서 일어났습니다. 그녀는 턱을 위로 향해 코를 평소보다 높게 하여 말했습니다.

"안나! 안나! 그런 일은 결코 일어나지 않았던 것처럼 행동합시다."

그녀는 자기가 죽는 날까지 결코 누구와도 그 일을 말하지 않았습니다. 그녀는 루스벨트가 대통령직에 취임해 있는 사실을 결코 인정하려 하지 않았습니다. 그녀는 그일은 결코 일어나지 않았던 것처럼 행동했습니다. 그녀의 심장은 정상으로 계속 고동쳤으며, 몸의 신경에는 전혀 영향을 미치지 못했습니다.

이것은 내가 전에 배웠던 가장 위대한 교훈 중 하나입니다. 일 주간도 채 지나기 전에 - 내가 말하는 것을 믿어 주십시오 - 내가 매우 깜짝 놀란 일이 일어났습니다. 나는 몸이 부서져 버릴 것 같았습니다. 여러분이 내가 하고 있듯이 사람들의 인생을 다룰 때, 그것은 세상에서 가장 어려운 일입니다. 내가 하는 말을 믿어주십시오! 그렇지만 나는 그 풍채 좋던 여성이 했던 것을 지금까지 거듭 거듭 행해 왔습니다. 나는 이렇게 혼자서 말하곤 해왔습니다. "캐트린 그것이 결코 일어나지 않았던 것처럼 행동하여라." 상처와 실망을 받아들이는 일이 이 세상에서 가장 좋은 방법 중 한 가지입니다.

확실히 그것으로 상황이나 환경이 바뀌는 것은 아닙니다. 그렇지만 내가 그것에 지배받는 대신에 그것을 지배하는 자가 됩니다. 정말 그렇습니다!

당신은 알고 싶습니까? 마음이 건강한 것은 은이나 금이나, 이 세상의 모든 물질적 축복보다도 뛰어난 것입니다. 그것은 진리입니다. 여러 가지 것으로 혼란하지 않는 마음, 두려움, 불안, 걱정, 비굴함 등이 없는 마음, 시기심, 자기 중심, 질투로부터 자유로운 마음, 이런 마음은 구원과 별개의 것으로 그 사람의 가장 큰 재산입니다.

사람은 자기가 생각하는 것과 같은 사람이 되어갑니다. 당신이 두려워 하는 대상보다도, 두려워하는 것 자체가 더 나쁘다는 사실을 마음에 새겨 두십시오. 만일 당신이 마음을 잘 유지한다면, 당신이 자신의 삶의 중심을 그대로 잘 유지한다면, 당신은 어떤 일이 있어도 다시 일어날 수 있습니다. 그렇지만 만일 마음이 걱정, 두려움, 시기심, 비굴함, 자기비하로 가득차 있다면, 당신은 현실과 가상에서 일어나는 일들에 의해 지치게 되고 패배하게 됩니다.

 어떻게 하면 좋을까요? 그런 상태를 어떻게 하면 극복할 수 있을까요? 그 대답은 당신이 두려워 하는 것에 시선을 고정시키는 것이 아니고, 당신의 주변환경과 상황에 시선을 두는 것도 아닙니다. 또한 누군가에 시선을 고정시키는 것에 있는 것도 아닙니다. 오직 그리스도께 시선을 고정시키는 것에 있습니다.

 기억하십시오. 당신은 그리스도의 소유입니다. 그분은 당신을 보호해 주십니다. 그분은 당신을 지켜 주십니다.

 당신은 그분의 것이며, 그분은 모든 적들에 대해 지금도 당신을 자신의 소유로서 지켜 주시고 있습니다. 당신은 그분의 소유이며, 다른 누구도 당신을 지배할 수 없습니다. 당신은 그분의 것이기 때문에, 당신은 오늘도 내일도, 그리고 당신의 구속이 완성되고 당신이 그분의 영광스러운 임재 앞에 서게 되는 마지막 날까지 그분께 완전한 확신으로서 그분을 신뢰해야 합니다.

 놀라우신 예수님,
 두려워하지 않는 마음, 시기심이 없는 마음을 제게 주시옵소서. 나에게 건강한 마음을 주시옵소서. 왜냐하면 이것이야말로 구원과는 별도로 저의 최대의 재산이기 때문입니다. 예수님 이름으로 구하옵니다. 아멘!

20. 성공과 열심

"그러므로 형제들아 내가 하나님의 모든 자비하심으로 너희를 권하노니 너희 몸을 하나님이 기뻐하시는 거룩한 산 제물로 드리라 이는 너희가 드릴 영적 예배니라"

(롬 12:1)

"내게 능력 주시는 자 안에서 내가 모든 것을 할 수 있느니라" (빌 4:13)

나만큼 그리스도인임을 즐거워하는 자는 아무도 없습니다. 정말 그렇습니다. 나는 그것을 즐거워합니다. 나는 나 자신의 구원을 즐거워합니다. 나는 거듭난 것을 즐거워합니다. 나는 이러한 그리스도인의 삶을 즐거워합니다. 나는 그것을 이 세상의 어떤 것과도 바꾸고 싶지 않습니다. 이것은 진실입니다. 더 좋은 것이 있다고 내가 생각했다면 나는 그것을 추구했을 것입니다. 더 좋은 것을 내가 알고 있다면 나는 여러분께 그것을 말씀드릴 것입니다. 그렇지만 더 좋은 것은 없습니다. 내가 하는 말을 믿어주십시오.

그래도 나는 하나님의 자녀들에게 열심이 결여되어 있는 것을 볼 때가 종종 있습니다. 우리는 회의론자들에게 하나님은 죽었다는 생각을 초래하는 구실을 제공해 왔다고 진심으로 믿습니다. 마치 하나님의 장례식에 참석하고 있는 듯한 그리스도인들이 실로 많이 있습니다.

매일 상복을 입고, 검은 베일을 쓴 채로 축 늘어진 얼굴을 하고서 말입니다. 이러한 모든 것은 어쩌면 하나님은 정말로 죽으셨는지도 모른다는 인상밖에 주지 못합니다.

나는 언제나 그런 것들이 마음에 걸립니다. 야구장의 관중들을 보십시오. 파이어리츠(Pirates) 팀이 지고 있을 때에 조차, 피츠버그 팬들은 자기네 팀을 위해 외치거나 비명을 질러댑니다. 그것이 바로 열렬함을 의미하는 것입니다!

하나님의 자녀들이 스포츠의 팬들만큼 열심을 나타내지 않는 것이 너무나도 많이 있는 것은 왜일까요? 으리는 흥분해야할 만한 것을 가지고 있습니다. 우리는 승리하는 편에 있습니다. 우리 팀은 결코 지는 일이 없습니다. 사랑하는 여러분, 우리는 기뻐해야 할 것, 환영혜야 할 것을 가지고 있습니다. 하나님의 말씀과 성령의 인격과 권능으로 무장한 그리스도인은 승리하기 위한 준비가 충분히 되어 있습니다. 거듭나지 않은 채 모든 도구와 기계와 조직을 준비한 사람보다, 그리스도인이 훨씬 더 많은 일을 할 수 있습니다. 왜 제가 그리스도인인 것에 열심인지 아시겠습니까?

어떤 유명한 사장이 있습니다. 그는 바닥에서 시작한 사람이었습니다. 그는 솔직히 이렇게 말합니다.

"정상까지 도달하는 사람은 자기에게 요구된 것만 하는 것으론 만족하지 않는 사람입니다. 그는 그 이상의 것을 합니다."

이것은 성공의 기본 법칙 중 하나입니다. 그렇게 한다면 그대로 있을 리가 없습니다. 일 마일 더 가는 사람, 자신에게 요구된 이상의 것을 주는 사람, 그런 사람이야말로 성공하는 사람입니다. 열심과 성공은 함께 갑니다.

당신에게 해야 할 것이 있을 때, 그것을 열심히, 그리고 능숙하게 그것을 하십시오. 하나님을 위해서 무엇을 행한다는 점에서 나는 나 자신이 완전주의자는 아닐까 하고 생각합니다. 나는 달리 어쩔 방법이 없습니다. 나는 될 수 있는 한 완벽에 가깝도록 무엇이든 행하고 싶습니다.

나는 나의 사무실에서 보내는 편지도 가능한 한 완벽에 가깝게 하고 싶습니다. 여러분이 저로부터 편지를 받을 때, 그것은 반드시 제가 할 수 있는 최고의 편지일 것입니다. 왜냐하면 그 편지는 캐트린 쿨만을 대표하는 편지가 아니고 우리가 섬기는 분, 예수 그리스도 하나님의 아들을 대표하는 편지이기 때문입니다.

아시리라 생각합니다만, 주님을 위해 되는대로 아구렇게나 지저분하게 일을 하는 사람들이 만일 똑같이 되는대로 아무렇게나 자기의 고용주를 위해 일했다면 그들은 금새 파면될 것입니다.

여러해 전, 나는 인쇄를 의뢰해야 할 일이 있었습니다. 나는 그것을 피츠버그의 한 인쇄소에 보냈습니다. 완성된 것을 보았을 때, 나는 깜짝 놀라 어안이 벙벙했습니다. 그 불완전함은 거의 용서할 수 없을 정도였습니다. 나는 그 인쇄소에 전화를 걸어, 와서 보라고 했습니다. 나는 그것을 그냥 받을 수 없었던 것입니다.

그가 뭐라고 말했는지 아시겠습니까? 그는 이렇게 말했습니다.

"미스 쿨만 당신이 있는데는 종교재단이기 때문에 조금 정도 실수가 있어도 신경쓰지 않을거라 생각했습니다."

나는 말했습니다.

"당신은 아이스 카파데스(Ice Capades)의 해리스(Mr. Harris) 사장을 위해서라면 일을 적당히 하려고는 생각하지 않을 것입니다. 그 사람이라면 완벽한 것을 요구할 것이고, 당신도 그에게는 완벽한 것을 납품할 것입니다. 나는 아이스 카파데스 사(社)보다도 더 위대하신 분을 위해 일하고 있습니다. 당신은 그렇게는 생각하지 않을지도 모르지만, 이 제품이 보내지게 되면 그것은 세계에서 가장 위대한 회사를 대표하는 것이 됩니다. 즉, 성부와 성자와 성령이라는 삼자(cooperation of three)로 이루어진 회사입니다. 나는 그분들을 위해서 완벽한 것을 원합니다."

나는 그것이 옳다고 믿습니다. 우리는 자신의 최선 이하의 것을 하나님께 드려서는 안된다고 나는 믿습니다.

우리의 고용주에게 주는 것보다 열등한 것을 하나님께 드릴 권리는 여러분에게도 나에게도 없습니다. 그렇습니다. 하나님이 여러분에게 해야 할 일을 주실 때 그것을 열심히, 그리고 능숙하게 하십시오.

예수님은 십자가 위에서 자신의 일부분만을 드렸던 것이 아닙니다. 그분은 모든 것을 주었습니다. 하나도 아까워 하시지 않으셨습니다. 만일 당신이 성공적인 그리스도인이 되고 싶다면, 만일 하나님이 당신에게 바라시는 대로의 사람이 되고 싶으시다면, 사랑하는 여러분! 그것은 당신 자신을 완전히 하나님께 헌신하지 않으면 안된다는 것을 의미합니다.

"너희 몸을 하나님이 기뻐하시는 거룩한 산 제물로 드리라"고 바울은 말합니다. 이것, 오직 이것만이 "말씀에 따른 섬김"입니다. 예수님은 우리의 모든 것, 우리의 최선을 요구하십니다. 왜냐하면 예수님은 자신의 모든 것, 자신의 최선을 주셨기 때문입니다.

아시겠습니까? 성공을 위한 확실한 몇 가지 법칙이 있습니다. 당신이 패배하는 그리스도인의 삶을 살고 있다면 그것은 당신에 대한 하나님 계획의 일부가 아닌 것은 확실합니다. 하나님은 당신이 성공하길 원합니다 하나님은 당신이 날마다 성공적인 그리스도인의 삶을 살아가도록 필요한 모든 것을 당신에게 주시고 계십니다.

만일 내가 단 하루 동안에 그리스도인의 삶을 모두 다 살아야 한다면, 나는 벌써 오래 전에 패배하여 짜부러들고 말았을 것입니다. 내 인생의 지금 단계에 달하기까지 통과해야만 했던 것을 내가 16세 때 알았다면 "나는 그렇게 할 수 없습니다. 나는 결코 할 수 없어요."라고 말했을 것입니다. 그렇지만 그리스도인의 삶은 그렇게 사는 것이 아닙니다.

40세 때는 무명이었는데, 그 후에 대량생산을 멋지게 성취한 사람이 있습니다. 그는 작은 일로 나누어 버리면 어느 것도 특별히 어려운 것은 없다고 말합니다. 그것도 성공적인 그리스도인의 삶을 살기 위한 비결입니다. 하나님은 우리에게 능력을 주시겠다고 약속하시지만 그것은 그날 그날 주어지는 것입니다. **"네가 사는 날을 따라서 능력이 있으리로다"** (신 33:25)라고 모세는 아셀에게 말했습니다.

그렇습니다. 그날에 어떤 일이 있어도, 슬픈 일이 있어도, 하나님은 능력을 주시는 영광스러운 분이십니다. 죽음이 올지라도 하나님은 당신에게 은혜를 주실 것입니다. 당신이 시험(temptation)에 직면하고 있다면, 그때 당신은 주님의 이름을 불러 구하기만 하면 됩니다. 그분은 당신에게 승리를 주실 것입니다.

여러분도 나도 어떤 일도 극복할 수 있습니다.

일이 아무리 클지라도, 나는 신경쓰지 않습니다. 그것을 자그마한 몇 개의 일로 나누어 버리면, 성취할 수 있습니다. 우리는 모두는 우리에게 능력을 주시는 분이신 그리스도를 통하여 영광스럽게 승리하며 살아갈 수 있습니다.

사랑하는 예수님,

승리를 주신다는 당신의 놀라우신 약속을 진심으로 감사드리나이다. 당신의 말씀을 우리에게 가르쳐 주시옵소서. 당신의 성령으로 우리를 채워 주시옵소서. 그리하여 우리가 당신의 권능으로 무엇이든 할 수 있도록 해 주시옵소서. 복되신 당신의 이름으로 기도드리옵니다. 아멘

21. 하나님의 권능으로 쓰러지는 것

점심식사를 마치고 돌아와서 세 사람을 만났습니다. 그 사람들은 피츠버그에 있는 칼톤 하우스 6층에 있는 나의 사무실에서 나를 기다리고 있었습니다. 그 중 두 사람은 유명한 장로교 목사임을 알았습니다. 그들을 소개해 준 또 한 사람은 동양에 있는 잘 알려진 어느 신학교 교수였습니다.

"여기 있는 제 친구는 당신과 당신의 기적의 집회에 대한 소문을 들었다고 합니다." 하고 목사 중 한 명이 말했습니다. "그는 이곳을 떠나기 전에 당신에게 들러 당신을 만나보고 싶었던 것입니다."

나는 그를 환영했으며, 사무실 곳곳을 안내해 드렸습니다. 우리는 라디오 프로의 테이프를 제작하는 스튜디오로 돌아와서 나는 그에게 몇 권인가 우리의 책을 주었습니다. 사무실 입구로 돌아오자, 그 교수는 용기를 내서 질문했습니다. 그는 그것이 신경쓰였던 것 같았습니다.

"미스 쿨만 나는 신학을 가르치고 있습니다만 성령의 사역에 대해 아직 모르는 것이 너무 많습니다. 특히 당신의 사역 중에서 나를 당황케 하는 것이 하나 있습니다."

"질문하십시오. 저도 알지 못할지는 모릅니다만…"

"실은 넘어지는 것입니다. 친구로부터 들었는데 당신의 집회 중에서 당신이 종종 사람들을 위해서 기도하면… 그들이… 마치 기절하는 것처럼 되어버린다고 하는데…"

"오 아닙니다." 나는 웃으면서 말했습니다.

"그들은 기절하는 것이 아닙니다. 하나님의 권능으로 넘어질 뿐입니다."

나는 그에게 간단히 설명해 주었습니다. 그는 공손하게 웃었지만, 여전히 혼란해 하고 있음이 분명했습니다. 그들이 돌아가야 할 시간이 되었습니다. 우리는 호텔 6층 플로어에서 우리 사무실에서 홀로 통하는 출입구에서 있었습니다.

그는 나를 보고 말했습니다. "이제는 만나 뵐 수 없게 될지도 모르겠습니다. 저를 위해 한 번 기도해 주시겠습니까?"

여러분도 아시다시피 하나님은 유모어 감각을 가지고 계신다고 나는 지금도 생각합니다. 내가 그에게 한 발

가까이 다가가서 손을 뻗쳐서 그의 어깨 위에 올리고 그를 위해 기도하려고 하자 갑자기 그의 다리가 힘없이 주저앉듯이 바닥으로 쓰러져 그는 뒤로 넘어졌습니다. 내가 "사랑하는 예수님"하고 기도를 시작할 틈도 없이 돌연히 그는 나의 사무실 안 카페트 위에서 하늘을 향한 채 쓰러졌던 것입니다.

그러자, 마치 그 방 전체가 하나님의 영광으로 충만해진 것 같았습니다. 나는 머리를 흔들고 아래 쪽을 보니, 두 사람의 장로교 목사들이 그의 곁에서 무릎을 꿇고 기도하고 있었습니다. 타이프를 치고 있던 비서들은 타이프 치던 것을 멈추었습니다. 내가 얼핏 보자 비서들의 얼굴은 눈물로 가득 젖어있었습니다. 사무실 전체가 하늘의 빛(heavenly light)으로 충만해 있었습니다. 그 목사들은 그 교수를 도와서 일어서게 했습니다. 그의 몸은 흔들 흔들했으며, 비틀거리며 몇 걸음 뒤로 물러났습니다.

한 사람이 말했습니다. "괜찮습니까?"

그는 우물거렸습니다. 그가 할 수 있었던 모든 말은 "휴!"하는 것뿐이었습니다. 그는 또 쓰러졌으며, 하늘을 향한 채 완전히 뻗어버렸습니다. 그의 친구들이 그를 도와서 일으켜 세우자, 그는 출입문 쪽으로 걸어나갔습니다. 아직 머리를 흔들고 있었습니다. 그의 얼굴은 빛나고 있었는데, 그것은 모세가 시내산에서 돌아왔을 때,

모세의 얼굴에 있었던 빛과 같은 것임이 틀림없었습니다. "휴" 하고 그는 거듭 말했습니다.

그는 마치 술취한 사람처럼 휘청거리고 있었습니다. 그는 출입문을 잘못 알고, 벽쪽으로 향해 걸어가려고 했습니다. 목사들이 비틀거리는 그의 양팔을 붙들고, 출입문 쪽으로 향하도록 해주었습니다. 그의 얼굴은 아직도 하늘의 빛으로 젖어 있었습니다.

인간의 몸에 이 정도로 큰 능력이 있을 리는 없습니다. 언젠가 죽을 것은 죽지 않음을 입게 되지만, 우리가 이 육의 몸 안에 있는 동안은 하나님의 지극히 크고 막대하신 능력의 일부만을 받게 됩니다. 우리는 그 능력을 아주 짧은 순간 경험할 뿐입니다.

우리의 이 낡은 육체들은 지금도 육(flesh) 그대로입니다. 지금 입고 있는 우리의 육체는 육으로 되어 있습니다.

이 낡은 육체는 천국에까지 따라가는 것이 아닙니다. 이 육의 몸은 전능하신 하나님의 임재 앞에 설 수 없습니다.

제가 말씀드릴 수 있는 것은, 성령의 권능은 너무나도 위대해서 우리의 지성이나 육체로는 하나님의 크심을 측량할 수 없다는 것입니다.

대부분의 사람들은 단지 종교놀이(playing religion)를 하고 있음에 지나지 않습니다. 그들은 하나님에 관해 말하지만 죠지 워싱톤에 관해 말하는 것과 동일합니다. 우리는 하나님에 대해 이야기합니다. 우리는 성령님에 대해 이야기합니다.

그러나 말하는 것뿐이기 때문에, 그분을 만나는 경우는 좀처럼 없습니다. 사람이 그분과 얼굴과 얼굴을 서로 마주보게 될 때, 그 사람의 육신의 몸은 그것을 견뎌내지 못합니다. 그 사람의 신경조직은 그 권능을 감당할 수 없으므로 그 자리에서 마치 전기가 강하게 합선(short-circuit)된 듯한 현상으로 쓰러지게 됩니다.

하나님은 살아 계십니다. 그분은 현실에 계시는 실재적인 분입니다. 그분은 권능의 본질 그 자체입니다. 그분은 권능의 근원이실 뿐만 아니라, 그분은 모든 권능 그 자체이기도 합니다. 인간은 하나님을 자기 나름대로의 이미지와 모습 그리고 크기와 권능을 상상하고자 시도하곤 합니다. 그러나 하나님은 그 이상의 분입니다. 훨씬 그 이상의 분입니다. 우리가 있는 그대로 하나님을 보거나, 혹은 하나님을 느낄 때, 우리는 그것을 감당할 수가 없습니다.

"하나님의 권능으로 넘어지는 것"에 대한 설명으로서 제가 말할 수 있는 것은 성령께서 누군가에게 임하실 때 그 사람은 성령의 임재 가운데 서 있을 수 없다는 사실뿐입니다. 그는 맥없이 쓰러집니다. 온몸은 힘이 빠진 것처럼 됩니다. 그 사람의 혼 조차도 성령으로 충만해져

서, 넘쳐나게 되는 경우도 자주 있습니다.

이것은 기절(fainting)이 아닙니다. 의식이 없어지는 경우는 거의 없습니다. 보통 하나님의 권능을 경험하는 사람은 일어난 후, 아픔을 느끼지 못하고 전기를 대량으로 충전받은 것 같은 상태라고 간증합니다. 순간적으로 스스로를 조절할 수 없게 되는 것입니다.

어느 누구도 몸에 손을 대지 않고도 성령께서는 병든 몸을 치유하실 수 있음을 여러분이 깨달을 때, 그것은 하나님의 권능입니다. 그러므로 그 권능이 임하여 아주 짧은 순간 동안에만 몸은 그 권능을 견뎌낼 수 있다고 믿는 것이 이치에 맞는 것이 아니겠습니까?

사울이 다메섹 도상에서 하나님의 권능을 받고 땅바닥에 쓰러졌을 때 어떤 일이 일어났는지 기억하고 있습니까? 그는 여전히 말할 수 있었습니다. 그는 여전히 생각할 수도 있었습니다. 그는 여전히 질문하거나 결심할 수도 있었습니다. 그렇지만 그는 성령의 권능의 임재하심 안에서 서있을 수는 없었습니다.

변화산 산상에서 예수님 옆에 서있던 세 사람의 제자들에게 빛난 구름이 그림자를 드리웠습니다. 그때 하나님께서 말씀하셨습니다.

"제자들이 듣고 엎드려 심히 두려워 하니" (마 17:6)

성령께서 큰 능력으로 오실 때는 언제나 이런 일이 일어납니다. 성령께서는 지금 예수님을 따르는 각 사람 속에 거하고 계십니다.

만일 예수님을 자기 안에 초청했다면 말입니다. 그리고 성령께서 들어오실 때, 그분은 예수님이 가지셨던 것과 동일한 권능을 가지고 오십니다. 성령께서 저를 위해 행하여 주셨던 것은 독특한 것이 아닙니다. 하나님은 사람을 편애하시는 경우는 전혀 없습니다. 사역자이든, 평신도이든 어느 누구도 같은 권능을 가지고 있습니다. 사람들이 성령으로 쓰러질 때, 그 일을 행하시는 주체는 내가 아니라 성령이십니다. 그리고 성령은 여러분 개개인 안에 거하고 계십니다. 자, 발걸음을 내디디십시오.

두려워하지 마십시오. 그러면 여러분도 성령의 강력한 권능의 증거를 보게 될 것입니다.

22. 대망(Ambition)

여러분도 아시다시피 내가 태어났을 때, 나는 커다란 야망을 품었음이 틀림없다고 나는 생각합니다.

하나님께서 나를 만드셨을 때, 야망을 내 안에 쏟아 넣으시기 시작하고는 그것을 멈추는 것을 잊어버리셨던 것은 아니었을까 하고 생각합니다.

나는 미주리 주 콘코디아에 있었던 어린시절을 기억합니다. 여러분은 아시겠지만, 콘코디아는 인구가 천 이백명을 넘었던 적이 없었습니다. 내가 다섯 살 때 원기왕성한 한 세일즈맨이 마을에 와서 어떤 상표의 비누 포장지 5만장을 모은 젊은이에게 누구든지 조랑말 한 마리를 주겠다고 제안했습니다.

나는 어머니를 졸라서 말했습니다. "나에게 맡기만 준다면, 5만개의 비누를 파는 것은 할 수 있어요. 나는 알아요. 제발 부탁이에요. 나를 시켜주세요. 그 조랑말 너무 갖고 싶어요. 너무 갖고 싶어요."

인구는 1200명, 나는 다섯 살, 그래도 나는 조랑말을 차지하기 위해 5만 개의 비누를 팔 수 있을 거라고 믿었습니다. 야망에 대해 이야기합시다! 나는 야망을 가졌습니다!

그러나 야망 이상의 것이 필요합니다. 결심이 필요합니다. 그리고 오로지 열심히 일하는 것입니다. 나를 믿어 주십시오. 아시다시피 이러한 야망은 익살스러운 것이기도 합니다.

완전히 똑같은 재료를 사용하여, 궁전을 짓는 사람도 있으며 오두막을 짓는 사람도 있습니다. 나는 언제나 그것에 놀랍니다. 같은 가족 중에 두 아이가 있다고 합시다. 그들에게는 같은 어머니와 같은 아버지가 있고 같은 입장에 있으며, 같은 음식을 먹습니다. 그들은 똑같은 보살핌을 받고, 같은 교육을 받습니다. 그런데 한 사람은 성공하고 또 한 사람은 실패하는 경우가 있습니다.

사람들이 나의 설교를 듣고, 서로 다른 반응을 보이는 것에, 나는 언제나 놀랍니다. 하나님의 권능으로 인생이 완전히 바뀌는 사람도 있으며 완전히 동일한 메시지를 듣고도 전혀 아무것도 경험하지 못하고 그 장소를 떠나는 사람도 없습니다.

미국에서의 생활에 대해서도 같은 말을 할 수 있습니다. 누구에게도 기회는 있습니다. 이것으로 저와 논쟁하려고 하는 사람도 있습니다만, 사랑하는 여러분, 미국에서는 누구라도 대가를 지불하기만 하면 성공자가 될 수 있습니다. 나는 그렇게 믿습니다. 여러분이 일하고 싶으시다면, 가령 스스로 어떤 일거리를 만들어내지 않으면 안된다 할지라도 일할 수 있습니다.

그것은 쉬운 일이 아닙니다. 당신이 구하는 것을 손에 넣을 수 있는 것은 당신이 그것을 손에 넣기 위해 그것을 구하고 있기 때문입니다.

그리스도인 생활에 대해서도 동일한 사실을 말할 수 있습니다. 그리스도인 생활은 간단한 것이 아닙니다. 그것이 간단하다고 말하면, 나는 이 세상에서 첫째가는 사기꾼이 될 것입니다. 그것은 장미빛 이야기가 아닙니다. 그것을 위해 대가를 지불하지 않으면 안되는 것입니다. 나는 어떤 대가라도 지불해 왔습니다. 그렇지만 내가 여러분께 말씀드리고 싶은 것은 그것은 대가를 지불할 만한 가치가 있다는 사실입니다. 당신이 그냥 공짜로 뭔가를 얻는 것은 결코 없습니다. 당신이 누구이든, 그것은 관계 없습니다.

그리스도인의 삶에서도, 당신이 표면 아래로 파내려 가기 시작하기까지 결코 하나님의 최선의 것을 가질 수 없으며, 그분의 말씀에 대한 심오함도 결코 알지 못합니다.

당신이 표면 아래로 파내려 갈 때, 비로소 당신은 성

령의 깊은 기름을 발견하게 됩니다. 당신이 깊이 파내려 가면 파내려갈수록, 점점 더 많은 것을 발견하게 될 것입니다. 그러나 당신이 그것을 발견하기 위해서는 파내려가지 않으면 안됩니다.

초라한 시작에서 마침내 우리 시대의 큰 부호가 된 한 남성이 있습니다. 그는 이렇게 말했습니다.

"내가 성공한 것은 성공하지 못한 사람들보다 뛰어난 능력이 있었기 때문이 아닙니다. 나는 그들보다 열심히 일하고, 또한 그 일을 그들보다 더 오래 계속했기 때문입니다. 나보다 더 뛰어난 두뇌를 가진 많은 사람들이 실패해 버린 것은 그들이 실행에 옮기지 않고 또 결심이 부족했기 때문입니다."

멋있는 말 아닙니까?

우리 사무실에 나무로 만들어진 액자가 걸려 있습니다. 사무실에서 일하고 있는 사람들로부터, 크리스마스 선물로 내가 받은 것입니다. 그 액자에 이렇게 쓰여져 있습니다.

"간단한 일이라면 누구라도 할 것입니다."

피츠버그 칼톤 하우스에 있는 캐트린 쿨만 재단 사무실에 여러분이 들어오시면 틀림없이 놀랄 것입니다. 우리는 아파트 한 칸을 개조하여, 사무실로 꾸몄습니다. 작은 부엌도 있는데, 냉장고와 스토브도 붙어 있습니다.

집에서는 사용하는 물건들도 모두 있습니다.

어느 날 나는 그 조그마한 부엌의 스토브 곁을 지나갔습니다. 나는 무언가 찾고 있었는데, 문득 오븐의 유리문 안을 들여다 보았습니다. 무언가가 보였다고 생각했습니다. 그 오븐의 유리문을 열어보자 베개, 모포, 시트, 그리고 수건이 있었습니다.

나는 믿어지지 않았습니다. 나는 말했습니다.

"여러분 오븐 안에 이런 것들이 도대체 무엇입니까?"

끝내 그들이 내게 말했습니다. 일이 너무나 고되어서, 그들은 철야하고는 사무실에서 잤던 적이 있었습니다. 내가 무엇을 말하려 하는지 아시겠습니까? 간단한 일이라면 누구나 하고 있을 것입니다.

이 사역에서 나보다 뛰어난 사람은 없다는 식으로 말할만큼, 나는 어리석지는 않습니다. 나보다 훨씬 유능한 사람은 많이 있습니다. 나는 날마다 그것을 깨닫습니다. 나는 자신이 머리가 좋다던가 총명한 사람이다든가 재능이 있다는 등의 말은 하지 않습니다. 여러분이 저를 알고 있는 이상으로, 나는 내 자신을 알고 있습니다. 그렇지만 여러분께 말씀드리겠습니다. 전에 나는 하나님의 은혜로 만일 내가 그리스도인 생활을 한다면, 중도에 그만두지 않으리라고 결심했습니다.

나는 인생에서 중간에 그만두려는 어중간한 마음으로 (halfheartly) 뭔가를 했던 적은 한 번도 없습니다. 내가 그리스도인이 되지 않았다면, 이 세상에서 가장 악한 죄인이 되었을 것이라고 나는 믿습니다. 나는 어떤 일이든 했을 것입니다. 누군가가 말한다고 해서, 나는 그대로 믿는 자는 아닙니다. 나는 내가 직접 해 보아야 합니다. 나는 정말 그런 사람입니다.

그렇지만 여러분이 아셨으면 하는 것이 있습니다. 내가 주 예수 그리스도를 위해 살겠다고 결심했을 때, 나는 가능한 한 최고의 그리스도인이 되리라고 결심했습니다. 나는 내게 있는 모든 것을 그분께 드렸습니다. 나는 그외 어떤 것에 대해서도 마음을 닫았습니다. 성경은 나에게 모든 것입니다. 나는 그것을 먹습니다. 잠잘 때도 성경입니다. 하루 24시간 나는 성경을 생활합니다. 고백드립니다만, 나는 그다지 열린 마음의 소유자는 아닙니다. 나는 자신의 마음을 여는 것을 거부한 적이 몇 번인가 있습니다. 영적이지 않는 것과 하나님께 속하지 않는 것에 의해 마음을 더럽히고 싶지 않습니다. 나는 불결한 것과, 하나님이 기뻐하시지 않는 것으로 방해받고 싶지 않습니다.

그리스도인으로서 생활하는 데에는 많은 희생이 따릅니다. 나는 어떤 희생이라도 지불해 왔습니다. 그렇지만 그것은 그 희생을 치를만큼 가치 있는 것이며, 수 만번 반복해서라도 나는 그렇게 할 것입니다.

나는 그런 것에 구애받음 없이 하나님으로부터 최고의 상을 얻기 위해 나아갑니다. 나는 하나님이 나를 위해 준비해 주시는 최선의 것 이하로 안주해 버리는 일은 결코 없을 것입니다.

존귀하신 예수님,
완벽하지 않는 어떤 것에도 우리가 만족하지 않도록 도와주시옵소서. 당신 안에서 하나님의 높으신 부르심의 상을 위해 목표를 향하여 우리가 언제나 앞으로 전진해 갈 수 있도록... 아멘

23. 태만

오늘은 극히 생활과 관계있는 실제적인 마음에서 마음으로 통하는 이야기를 하기로 하겠습니다. 물론 여러분이 이해하고 있듯이 성경은 실제적(practical)입니다. 그리스도인의 삶을 산다는 것은 이 세상에서 가장 실제적인 것입니다. 하나님의 여러 가지 법칙은 분명히 의미있는 것입니다. 그것들은 실제적인 것입니다. 정확히 그렇습니다.

피터 로프터스(Peter Loftus)사에서 이전에 일하고 있었던 사람이 어느 날 우연히 내 책상 옆을 지나며, 내 책상 위에 소책자 한 권을 휙 던지며 말했습니다.

"자, 미스 쿨만. 이것을 읽어보십시오." 나는 그 책을 주워들었습니다. 자그마한 짧은 이야기들이 쓰여 있었습니다. 하지만 두툼한 책들은 가끔 나를 압도해버리는 경우가 있습니다.

내가 맨 처음으로 눈을 멈춘 것은 "적극성(gumption)"이라는 말이었습니다. 그런데 나는 그것에는 대찬성입니다. 정말입니다. 적극성이 어떤 의미인지를 알기 전부터, 나는 적극성은 좋은 것임을 믿고 있었습니다. 나는 그것이 어떤 것인지 알지 못했지만, 나는 확실히 그것을 많이 소유하고 있었습니다(그리고 지금도 소유하고 있습니다).

그 소책자에는 이렇게 기록되어 있었습니다. "어느 누구도 성공을 원할 수는 있다. 그러나 성공을 가능토록 하는데는 적극성이 필요하다."

나는 바로 그 부분에서 읽기를 멈추고 생각했습니다.

"만일 그 말이 진리가 아니라면…"

이것은 큰 회사에서만 해당할 뿐만 아니라, 그리스도인의 생활에도 해당됩니다. 하나님의 귀한 자녀들 중에는 과거 10년 동안 단지 앉아서 바라기만 하는 사람들이 참으로 수 천명이나 있습니다.

내가 좋아하지 않는 것이 있는데, 그것은 흔들의자입니다. 여러분은 흔들의자를 좋아하는지 모르겠습니다. 그러나 나는 흔들의자를 좋아하지 않습니다. 왜냐하면 흔들의자에는 나에게 게으름을 연상시키는 어떤 것이 있기 때문입니다.

나는 미주리 주에 있는 리티 할머니(그녀는 할아버지 웰켄호스트의 두 번째 아내)가 흔들의자에 앉아있는 것을 본 적이 있습니다. 리티 할머니는 큰 몸집의 풍채좋은 사람으로 언제나 언제나 흔들의자에 앉아서 흔들리고 있었습니다. 리티 할머니는 요리하는 것이 너무 서툴렀다고 어머니는 언제나 말했습니다.

그렇지만, 그녀가 그다지 요리하는데 시간을 들일 수 없었던 것은 거의 언제나 흔들의자에 앉아 있었기 때문입니다.

어머니는 리티 할머니만큼 지독한 주부를 만난 적이 없다고 말했습니다. 그러나 그것은 그녀는 집안을 청소하는데 시간을 들이지 않기 때문이었습니다. 그녀는 언제나 흔들의자에 앉아 있지 않으면 안되었습니다. 오전 10시에 리티 할머니 집에 가면, 그녀는 흔들의자에 앉아 있었습니다. 오후 3시에 리티 할머니 집에 가보면 그녀는 아직 흔들의자에서 흔들거리고 있었습니다. 그녀는 뭔가를 바라면서도 다만 거기에 앉아 있을 뿐이었습니다. 일이 끝나면 좋을텐데 하고 바라면서도, 세탁이 끝나면 좋겠는데 하고 바라면서도, 할아버지의 식사를 준비해 드릴 필요가 없다면 좋을텐데 하고 바라면서도, 이웃 사람들이 가진 것이 있으면 좋을텐데 하고 바라면서도, 그녀는 흔들의자에서 흔들거리며 바라기만 했습니다.

오늘날에 이르기까지 내가 흔들의자를 싫어하는 것은 그런 이유 때문이라고 생각합니다.

나는 매우 많은 하나님의 귀한 자녀들이 이러한 태만의 영(Spirit of laziness)에 고통당하고 있는 것을 보아왔습니다. 그들은 하나님께서 자기를 위해 뭔가 해주신다면 좋을텐데 하고 바랍니다. 그들은 하나님께서 자기 몸을 치유해 주신다면 좋을텐데 하고 바랍니다. 그들은 하나님이 자기의 필요를 채워 주신다면 좋을텐데 하고 바랍니다. 그들은 영적인 것에 대해서 다른 사람들이 화제로 하고 있는 것을 가질 수 있다면 좋을 텐데 하고 바랍니다. 그렇지만 그들이 결코 아무것도 받지 못한 이유는 그들이 게으르고 태만하기 때문입니다.

　여러분은 그렇게 해서는 하나님으로부터 뭔가를 손에 넣을 수는 없습니다. 그 흔들의자에서 자신을 꺼내지 않으면 안됩니다. 자신이 바라고 원하는 방향으로 자기의 발을 옮기지 않으면 안됩니다. 여러분은 적극성을 가져야 합니다.

　여러분은 여러분의 꿈을 이루기 위해서 뭔가를 하지 않으면 안됩니다. 그렇지 않으면 그 꿈은 결코 실현되지 않을 것입니다.

　예수님께서 **"구하라 그리하면 너희에게 주실 것이요"** (마 7:7)라고 말씀하셨을 때, 바로 그 사실을 말씀하셨던 것입니다. 한 번도 구한 적이 없는 사람들도 있습니다.

　"문을 두드리라, 그리하면 너희에게 열릴 것이니" (7절) 한 번도 두드린 적이 없는 사람들도 있습니다.

"찾으라 그리하면 찾아낼 것이요" 한 번도 찾은 적이 없는 사람들도 있습니다.

여러분들 자신 안에 잠재적으로 있는 것, 여러분이 그리스도 예수 안에 가지고 있는 것을 알기만 하면 좋을텐데 하고 생각해봅니다. 여러분이 알기만 한다면 괜찮습니다. 지금 이 순간, 당신이 패배하고 실망하고 낙담해서 앉아 있어도 당신의 혼 안에는 위대한 능력이 아무것도 하지 않고 앉아 있으며, 당신이 스위치를 넣기를 기다리고 있다는 사실을 깨달았으면 합니다.

당신이 그리스도 예수 안에서 어떤 사람이 될 수 있는지를 알기만 하면 좋은데 하고 생각합니다. 그렇지만 태만이 당신에게서 성공을 빼앗아 가버리고 있습니다.

사랑하는 여러분! 나는 리티 할머니처럼 태만에 지배받을 정도라면, 오히려 미주리 주 콘코디아의 천 이백명 가운데 한 사람으로 남아 있고 싶습니다.

만일 그렇다면 나는 그 미주리의 농부들 중 한 사람과 결혼했을 것입니다. 여러분은 내가 밖에서 소의 우유를 짜내는 모습을 상상할 수 있겠습니까? 내가 닭장에서 계란을 모으는 모습을 상상할 수 있을까요?

자 이제, 무슨 말입니까? 그렇지만 그것은 진실입니다. 만일 10대 소녀인 내가 하나님께서 저에게 시키시려는 것을 하려고 결심하지 않았다면 나는 지금도 미주리 주에 살며, 미주리 주의 농부와 결혼해 있을 것입니다.

개인적으로 나를 위해서 더 많은 것들이 준비되어 있다고 나는 지금도 믿고 있습니다.

나는 성령과 더 잘 협력하는 방법을 알기만 한다면, 하나님의 권능과 연결되는 방법을 알면 좋을텐데 하고 생각합니다.

지금 이 순간, 여러분은 하나님의 은혜를 풍성하게 받고 있다고 느끼고 있을지도 모르겠습니다. 그리고 실제로 받고 있겠지요. 여러분 스스로 그리스도 예수 안에서 여러 가지 경험을 해왔다고 느끼고 있을지도 모르겠습니다. 그리고 실제로 여러분은 경험해 왔을 것입니다.

그러나 어느 누구라도 자기 자신 안에서 끌어내리는 능력보다, 훨씬 많은 능력을 가지고 있습니다.

여러분은 자신이 꿈에도 생각치 못했을 정도로 하나님을 위한 위대한 잠재적 능력을 가지고 있습니다. 그렇지만 지금까지 당신은 하나님으로부터 더 놀라운 것을 받을 정도로까지는 기꺼이 자신을 하나님께 복종시켜 오지 않습니다.

나는 하나님이 나를 위해 준비해 놓으신 것 모두를 받지 못한 채 살아서 휴거되거나 혹은 죽게 될거라고 믿습니다. 나는 진실로 그렇게 믿습니다. 내가 하나님께 나를 양도해드리고, 나 자신을 하나님께 헌신할 때, 하나님께서는 나로부터 훨씬 많은 것을 받으시고, 자신의 영광을 위하여 그것들을 사용해 주실 것입니다.

참으로 불안정한 사람들을 보게 됩니다. 그들은 어느 날은 고양되어 있으며, 그 다음 날이 되면 침체됩니다.

그런 식으로 그들은 하나님 안에서 결코 성장하지 못합니다. 그들은 천국에 있는 최고의 것들을 결코 알지 못할 것이며, 천년이 지난다 해도 결코 알지 못할 것입니다. 어느 때는 승리하고, 그 다음 시간에는 낙담으로 떨어집니다. 오, 나는 압니다.

여러분은 그것을 '기질(temperament)'이라고 합니다. 그러나 우리는 그것을 우리의 나쁜 버릇이나 태만을 은폐하는 말로서 사용합니다. 우리는 그것을 우리의 비열함을 숨기는 말로서 사용합니다. 그렇지만, 추한 버릇을 감출 수 있는 것은 진실로 아무것도 없습니다.

만일 여러분이 자신의 헌신과 그리스도인의 생활에서 오르락 내리락하는 등락을 거듭 되풀이하고 있다면 영적인 성장은 결코 있을 수 없으며, 하나님은 여러분을 사용하실 수 없게 됩니다. 여러분은 결코 강해지지 못할 것입니다.

여러분은 결코 하나님의 위대한 축복을 받는 자가 되지 못할 것입니다.

여러분은 말합니다. "저 캐트린 쿨만씨 좀 알기 쉽게

좀더 천천히 말해주세요."라고 말입니다.

알겠습니다. 그것에 대한 성경말씀을 보여드리겠습니다. 야고보서에는 놀라운 보석들과 값비싼 보석들이 가득 있습니다.

"오직 믿음으로 구하고 조금도 의심하지 말라"(약 1:6)

오늘은 고양(高揚)되어 있고, 내일은 침체해 버리는 그런 생활은 안됩니다. 오전 10시에는 승리했지만, 점심때는 바닥을 쳐버립니다. 오 이것은 안됩니다.

"오직 믿음으로 구하고 조금도 의심하지 말라 의심하는 자는 마치 바람에 밀려 요동하는 바다 물결 같으니 이런 사람은 무엇이든지 주께 얻기를 생각하지 말라"

(약 1:6-7)

오르락 내리락 흔들리는 그리스도인은 그들이 흔들리는 한, 울타리에서 양다리를 걸치고 있는 한, 이쪽으로 갈까, 저쪽으로 갈까 동요하는 한, 그들은 결코 아무것도 받을 수 없습니다. 그런 사람은 주님으로부터 뭔가를 받기 기대해서는 안됩니다.

야망을 가지는 것만으로는 충분하지 않습니다.

여러분은 마음을 정하고, 자신의 야망을 진지하고 성

실하게, 그리고 열정적으로 유지해 나가야 합니다. 나는 그렇게 믿습니다. 여러분도 아시다시피 누군가가 "나는 그것이 진실임을 알고 있습니다. 나는 그것을 증명해 보일 수 있습니다. 나는 그것을 내 자신의 삶으로 증명할 수 있습니다."라고 말하면 나는 언제나 멈추어 서서 그 사람의 말에 귀를 기울입니다.

야망이 있는데도, 결코 성공하지 못했던 사람들도 나는 보아 왔습니다. 그들의 인생에서 어떤 것도 성취한 것이 없었습니다.

야망을 가질 뿐만 아니라, 실제로 진심으로 성실하게 결심이 뒤따라야만 합니다. 게으른 사람은 천국에 갈 때까지 그것을 늦출려고 할지도 모르지만 그런 사람은 이 지상에서 결코 어떤 것도 성취하지 못할 것입니다.

나는 아이다호 주 트윈 폴즈에 있는 어느 방에 대한 이야기를 자주 합니다. 그것은 내 인생에서 가장 중대한 시절 중 하나였다고 나는 믿고 있습니다. 나는 젊었으며, 아직 미숙했습니다. 그러나 나에게는 하나님을 위해서 전세계를 삼켜버릴 정도의 적극성이 있었습니다. 열심은 어떠했냐구요? 만일 내 몸 안에 있던 모든 열심을 병 안에 넣어 담아서 그것을 5센트짜리 캡슐로 팔았다면, 온 세상의 모든 사람들에게 그것을 공급할 수 있었을 것입니다. 정말입니다.

그러나 사랑하는 여러분, 그것에는 적극성 이상의 것

이 필요했습니다. 야망 이상의 것이 필요했습니다. 열심 이상의 것이 필요했습니다. 결심이 필요했습니다. 그것은 태만의 반대입니다.

나는 트윈 폴즈의 세들어 살던 집의 방 안에 있던 낡고 푸른 침대보를 기억합니다. 그 세들어 살던 집의 방 안에 있던 닳아 헤어진 카펫을 기억합니다. 그 세들어 살던 집의 방 안에 있던 색바랜 푸른 벽을 기억합니다. 나에게는 식사를 해결할 만큼의 돈도 없었습니다. 그 싸구려 셋방의 방바닥을 걸었을 때를 마치 어제 일처럼 기억합니다.

나는 홀로 외로이 굳은 결심과 함께 주먹을 꽉 움켜잡았습니다. 나는 그 색바랜 푸른 벽 너머를 올려다 보았습니다. 낡아빠진 천장에는 석고가 떨어지다 말고 달려 있었습니다. 나는 눈을 감지 않았습니다. 나는 눈을 뜬 채로 나의 놀라우신 예수님의 얼굴을 바라보았습니다. 그리고 나는 말했습니다.

"나는 그 일을 하겠습니다. 이제부터 남은 날동안 평생 빵과 물만 먹고 살아가야 한다 해도 나는 하겠습니다. 나는 당신을 섬기겠나이다. 나는 복음을 전하겠습니다. 나는 영혼을 추수하겠나이다."

그날 나의 모든 태만함은 죽었으며, 그리고 결코 부활하지 않았습니다. 그러므로 하나님의 은혜로 오늘날의 내가 있는 것입니다. 그것은 행운이 아니었습니다. 누군가의 영향을 받은 것도 아니었습니다. 혹은 때마침 좋은 장소에 정확한 시간에 있었기 때문도 아니었습니다. 다만 열심히 일했던 것… 그리고 하나님의 섭리뿐이었습니다.

위대한 연합이었습니다!

24. 사랑의 종교

우리는 너무나도 거짓된 삶을 살아가고 있습니다. 때때로 내가 그것에 대해 생각하면 내가 어렸을 때 콘코디아에서 시장이 열렸을 때 내가 자주 사먹었던 솜사탕 기억을 떠올립니다. 정말 보기엔 아름다웠습니다.

근사한 핑크색 솜사탕이었습니다. "아빠 5센트밖에 안해. 아빠 부탁이예요. 사주세요!" 그 시장이 설 때 내가 맨 처음으로 샀던 것은 솜사탕이었습니다. 그러나 여러분은 그것을 먹어보신 적이 있습니까? 받아든 것은 단지 설탕 몇 알갱이에 지나지 않습니다. 그것뿐입니다. 겉으로 보기엔 크고 맛있어 보입니다. 생각해 보십시오. 도대체 나는 어떻게 그것을 먹으리라고 생각했을까요?

그러나 5분도 지나지 않고 그것을 모두 먹어 치워버렸습니다. 그리고 내가 먹었던 것은 겨우 몇 알갱이의 설탕 뿐이었습니다.

여러분도 아시겠지만, 대개의 삶이란 그것과 같습니다. 우리는 이러한 솜사탕 같은 삶을 살고 있으며, 매우 허무하며, 매우 무익하고 또 매우 무의미한 삶을 살아가는 것입니다. 모두 커다란 속임수입니다. 진정으로 순수한 사람들을 찾는 것은 어렵습니다. 많은 사람들은 어떤 일에도 성실하지 않습니다. 도저히 신뢰할 수 없으며, 믿을 수 없습니다.

아버지가 친구들을 보고 "그들이 입으로 말하는 것은 계약서에 기록하는 것과 동일하다(신용할 수 있는 사람이다)"고 자주 말씀하셨지만, 그렇게 말할 수 있는 사람은 거의 없습니다.

아버지는 평생 동안 종이에 서명했던 적은 한 번도 없었습니다. 아버지의 친구들이 돈을 빌리러 와도 아버지는 그들로부터 어떤 차용의 형식도 취하지 않았습니다. 당시는 친구들끼리 서로 신뢰하고 있었습니다. 그렇지만 오늘날 우리에겐 어떤 유대감도, 약속도 없습니다. 우리는 아무것도 하지 않고 있습니다.

여러분은 이렇게 말합니다. "미스 쿨만 당신은 비관적인 사람입니까?" 오 여러분, 도대체 이게 무슨 소리입니까? 나는 전혀 비관적인 사람이 아닙니다.

하나님께서 나를 창조하셨을 때, 내 안에 비관(pessimism)이란 것은 조금도 넣지 않으셨습니다. 흐린 날은 있을지 모르지만, 나는 그것에 대해 생각하지 않습니다. 낙심되는 일들이 있을 수 있겠지만, 나는 그 낙심거리를 바라보지 않고 그 너머를 바라봅니다. 나는 낙관적인 사람이 되기 위해 태어났습니다. 그러나 기억하십시오. 사랑하는 여러분, 여러분이 직면해야만 하는 것들이 있습니다.

우리는 사람입니다. 성공으로 인도하는 하나님의 어떤 법칙이 있으며 그 법칙들을 잘 지키면 성공하게 됩니다. 그러나 순종하지 않으면, 우리는 허풍쟁이가 되어버립니다.

여러분이 아침마다 어떻게 일어나는가로서 여러분의 인생은 결정됩니다. 내 친구가 전에 이런 내용의 편지를 나에게 보냈습니다.

"매일 아침 하루를 시작할 때, 자신의 최선의 세 배를 하려고 하는 굳은 결의를 가지고 시작하십시오. 단지 충분한 만큼이 아니고, 자신의 최선도 아닌 자신이 할 수 있는 최선의 세 배입니다. 도중에 그만두지 않으며, 어떤 변명도 해서는 안됩니다. 그렇게 하면 당신은 지루해 하는 것 없이 시계만 쳐다보는 사람이 되지 않고 지금 그대로 만족하는 소처럼 되지도 않고, 변명만 늘어놓는 예술가처럼 '할 작정이었다'고 변명하는 사람도 되지 않을 것입니다."

어느 사무실이든, 핑계만 늘어놓는 사람이 있습니다. 어떤 것에 대해서든 자신의 핑계거리를 가지고 있는 사람입니다. 핑계(alibi)라면, 그 부류에서 선두가 될만한 한 사람을 기억할 수 있습니다. 나와는 관계없는 것이지만, 만일 내가 그에게 "그것을 끝냈습니까?"라고 물어본다면, 그는 "끝내려고 했습니다만…"하고 대답합니다. 그가 그 자리에서 즉시로 생각해 내는 것인지 아니면 다음엔 어떤 핑계를 댈지 언제나 그 생각만 하고 있는 것인지 나로서는 알 수가 없습니다.

  또 언제나 시계만 보고 있는 사람이 있습니다. "자 여러분 30분 남았습니다. 그러면 집에 돌아갈 시간입니다." "이제 15분만 있으면 여기서 나갈 수 있어." 돌아갈 시간 5분 전에 그들은 이미 없어져 버립니다. 그들의 모습도 그림자도 다시 볼 수 없습니다. 시계만 쳐다보는 사람들입니다.

  흔한 경우는 아니지만, 자기가 하는 일에 열중하여 일을 매우 즐기는 나머지 시계를 보는 것을 잊어버리는 사람들도 있습니다. 이런 사람에게는 어깨에 손을 얹고 "자 이제 돌아갑시다. 시간이 됐어요."라고 말해주어야 합니다.

  그래도 그런 사람들이야말로 언제나 더 나은 지위로 승진하는 사람들입니다.

  오늘날 세계는 바로 그런 사람을 찾고 있습니다. 그런

사람은 매일 즐겁게 하루를 시작하는 사람입니다. 그는 자기 자신을 위해서 사는 것이 아니라, 다른 사람들을 위해 살고 있습니다.

어머니는 식사하는 방에 작은 액자를 걸려 있었습니다. 어머니가 돌아가셨을 때, 나는 그것을 피츠버그로 가지고 왔습니다. 그 액자 안에 있는 종이는 세월과 함께 낡았고 누렇게 변색되었습니다. 그것은 "성공에 이르는 길잡이"라는 제목의 글이었습니다.

어머니의 인생 신조였습니다. 젊었던 나는 그것으로부터 영향을 받았습니다. 거기에는 일부이지만, 이렇게 기록되어 있었습니다.

『사람들의 비위를 맞추어서는 안됩니다.

어느 누구에게나 친절히 대하고, 도와주려고 결심하십시오.

진실한 사람이 되십시오.

어떤 일이 일어나도 낙관하십시오.

가능한 때는 언제나 누군가를 세워주려고 항상 열심히 노력하십시오.

해와 같은 빛, 희망과 선의를 비추십시오.

걸으면서 꽃을 뿌리십시오.

날마다 기뻐하십시오.

지금 시간을 최대한으로 사십시오.

내일을 기다리지 말고
이런 것들을 즐겁게 시작하십시오.
그러면 행복에 이르는 문이 넓게 열리게 됩니다.』

우리가 신중하게 맞닥뜨릴 때, 진정으로 자신의 행복을 만들 수 있게 됩니다. 당신이 진정으로 행복하게 되고 싶다면, 나가서 누군가 다른 사람을 위해 뭔가 좋은 일을 해보십시오. 만일 당신이 바른 목적을 마음에 품고 그렇게 한다면, 만일 당신이 돌아올 어떤 것을 기대하지 않고 그렇게 한다면, 만일 당신이 다른 이유나 목적없이 다만 그렇게 하고 싶기 때문에 그렇게 한다면 당신은 행복을 발견하게 될 것입니다.

어떤 의사도 이것보다 뛰어난 활력제를 처방하지는 못합니다. 당신은 크게 기뻐하며, 크게 만족하고 있는 자신을 발견하게 될 것입니다. 물론 자기가 비참한 것을 좋아하는 사람들도 있습니다. 그렇지만, 만일 당신이 행복하게 되어 기분좋게 살고 싶으시다면, 누군가 다른 사람에게 뭔가 친절한 일을 하십시오.

어머니의 "성공의 길잡이" 목록에 마지막 한 항목이 있습니다.

『당신은 사랑의 종교를 믿어야 합니다. 부유한 사람도 가난한 사람도 배운 사람도, 못 배운 사람도, 건강한 사람도 병든 사람도 어디에 있더라도, 사람을 사랑하십시오. 그것이 사랑의 종교입니다. 그것은 마음을 만족케 합니다. 그것은 혼에 이를 만큼 깊으며, 온 세상 모든 사람에게 골고루 미칠만큼 넓습니다.』

이것이야말로 진실로 오늘날 세계가 필요로 하는 것입니다. 사랑의 종교입니다. 사랑의 종교란, 주 예수 그리스도의 종교입니다. 그것은 인간이 제정할 수 있는 종교가 아닙니다. 그것은 당신이 사람들에게 압력을 가할 수 있는 어떤 것이 아닙니다. 진정한 사랑의 종교는 단 한 가지밖에 없으며, 그것은 주 예수 그리스도의 종교입니다. 이러한 사랑은 자연적인 사랑이 아니라, 하나님이 나누어 주신 사랑입니다.

그것은 인간의 내면에 있습니다. 그것은 하나님의 사랑입니다. 다음 사실을 기억해 주십시오.

당신이 이 세상에서 지나가는 것은 단 한 번 뿐입니다. 당신이 누군가에게 나타내 보여줄 수 있는 어떤 친절함이라도, 그것을 미루지 마십시오.

하루 하루를 감사하십시오. 날마다 당신이 할 수 있는 모든 선을 행하십시오. 그리고 될 수 있는 한 많은 선행을 베푸십시오.

이것이 사랑의 종교입니다.

25. 상식

우리에게 필요한 것은 하나님의 말씀에 부합하는 좋고 오래된 상식입니다. 나는 왜 하나님께서 여성에게 기름부으심을 주시는 이해할 수 있습니다.

한 사람의 여성이 가진 용기가 많은 남성들이 가지고 있는 용기보다도 크다고 생각할 때가 종종 있습니다.

나의 경우, 지금까지 시대의 시련에 견디어 온 사역을 가지고 있습니다. 나는 25년 이상에 걸쳐서 나 자신이 믿고 있는 것을 위해서 그야말로 나의 인생을 바쳤습니다. 나는 하나님의 말씀에 거하여 왔습니다. 이 사역이 모든 교파의 교회들로부터 존경받는 것은 바로 그러한 이유 때문입니다.

얼마 전에 있었던 일입니다만, 미국에서 가장 큰 감리교회에서 목회하는 찰스 알렌 목사가 텍사스 주 휴스톤에서 나와 만났습니다. 그는 말했습니다.

"캐트린 쿨만씨 당신에게는 커다란 책임이 있다는 사실을 아셨으면 합니다. 우리 감리교 사람들은 신학교에서 성령에 대해 가르침을 받지 못했습니다. 우리는 당신을 매우 주의깊게 보고 있습니다. 성령에 관해서 당신은 우리를 안내해 주는 사람들 중 한 사람입니다. 우리는 성령에 대해 당신이 말한 내용을 받아들입니다."

나는 그 책임을 지금까지 오랫동안 인식해 왔습니다. 이 사역은 이 세상 사람들로부터도 존경받고 있습니다. 나는 나의 사역을 계속 그런 식으로 유지해 나가고 싶습니다.

나에게는 너무 지나치게 열광적인 사람들이 있는 장소에까지 나아갈 여유는 없습니다. 나에게는 당장이라도 하지 않으면 안되는 사역이 너무나도 많이 있습니다. 나는 하나님께 대한 책임이 있습니다. 나는 위대한 대제사장이신 분에게 대한 책임이 있습니다. 나는 남성에게도, 여성에게도 책임이 있으며 그 책임을 하나님 앞에 항상 정결하게 유지해 가려 합니다. 나는 하나님께서 나를 신뢰해 주시길 원합니다.

여러분도 아시겠지만, 세상 사람들은 하나님의 능력을 믿고 있는 것은 머리가 지나치게 좋지 않은 노인들뿐이라는 생각을 가지고 있는 것은 아닐까 하고 나는 때때로 생각합니다. 우리는 우리 자신들에게 이런 모든 것들을 가져 왔습니다.

 사랑하는 여러분, 우리가 행하고 있는 것들 중에는 지적이지 않는 것도 있습니다. 찢어지는 소리를 지르거나 예의에 벗어난 행동을 한다거나… 저를 믿어주십시오. 만일 내가 그런 집회에서 처음으로 성령을 소개받았다고 한다면 무척 짜증스럽다고 생각하고는 결코 두 번 다시 오지 않을 것입니다. 우리는 오래된 것이긴 하지만, 상식이라는 좋은 세례를 받아야 할 필요가 있습니다.
 성령에 대해서 오래되고 좋은 가르침을 필요로 하는 때가 왔습니다. 영적인 무지는 무지 중에서도 가장 나쁜 것입니다.
 나는 강단에 서는 어느 누구와도 비슷한 평범한 오순절 신자입니다. 나는 내 자신의 입장을 전 세계에서 표명해 왔습니다.
 나는 수 백만 사람들앞에서 나 자신의 입장을 표명해 왔습니다. 나는 자신의 입장을 선언해 왔습니다. 나는 하나님의 말씀과 같은 오순절 신자입니다. 그렇지만 나는 열광적이고 광신적인 것(fanaticism)과는 어떤 관계도 가지고 싶지 않습니다. 육적인 나타남과 어떠한 관계도 나는 갖고 싶지 않습니다.
 시끄러운 소음이 능력을 대신해 버리는 경우가 자주 있습니다. 시끄러운 소음은 능력이 아닙니다.

전에 나는 T형 포드 승용차를 가진 적이 있습니다. 그 차는 달릴 때, 매우 시끄러운 소리를 냈습니다. 그 차는 내가 아이다호 주에서 처음 사역을 시작했을 무렵 소유했던 것입니다.

큰 소리를 내는 것이 강하고 능력있는 것이라고 한다면, 그 낡은 포드 승용차는 도로 상에서 가장 강력한 자동차였을 겁니다.

내가 인생을 살아오면서 보아왔던 가장 위대한 성령의 나타나심들 중 얼마와, 내가 인생을 살아오면서 보아왔던 가장 위대한 기적들 중 얼마는 매우 조용하고 아름다운 것들이었습니다. 성령께서 오실 때, 여러분은 성령의 거룩하신 임재 가운데서 자신의 신발을 벗고 싶어 하게 됩니다.

내가 인생을 살아오면서 보아왔던 가장 위대한 성령세례 중 얼마는 매우 신성하고 또 너무나 아름다워서, 그 아름다운 경험을 목격한 사람들의 울음소리밖에 들려오지 않았습니다. 성령께서 말씀하실 때, 성령께서 말씀을 주실 때, 그것은 신성합니다.

다시 한 번 말씀드립니다. 성령을 두려워하지 말아 주십시오. 여러분께 부탁드립니다. 만일 당신이 사역자라면, 만일 당신이 카톨릭 사제이고, 이 가르침이 처음이라면 성령을 두려워하지 말아 주십시오.

예수님이 성령을 신뢰하셨다면, 확실히 여러분과 나

도 성령님을 신뢰할 수 있습니다.

  그리스도인들은 새로 발견된 진리에 흥분해서 지나치게 열광적인 것에 휩쓸려 빠져드는 경우가 종종 있습니다.

  그러나 그 시끄러움과 술렁거림(exuberance)을 넘어서, 성령께 주목하십시오. 성령님은 지금도 조용하고, 더구나 전능하신 음성으로 말씀하시는 분이십니다. 그분을 섬기십시오. 그분을 사랑하십시오. 그분을 따르십시오. 그분은 당신을 영원히 실망시키지 않습니다.

26. 영원한 보호하심

지금은 교회에 가장 위대한 시대입니다. 지금은 나에게 가장 위대한 때입니다. 지금 시대는 여러분에게 가장 위대한 때입니다. 내 말을 믿어 주십시오. 나는 여러분께 진실을 말씀드리고 있습니다. 지금 시대는 우리에게 가장 위대한 때입니다. 우리는 회복의 시대에 살고 있습니다.

성령세례를 인정할지라도 지금까지 성령세례를 체험하지 못한 사람들이 많이 있습니다. 방언을 말함으로 성령을 받았다고 생각하는 사람들도 있습니다. 카리스마 계통의 조직이나 교회에 몸담고 있기 때문에 성령을 받은 걸로 착각하는 사람도 있습니다. 나는 지금까지 어떤 조직에도 가담했던 적이 없습니다. 그러므로 어느 누구도 나를 추방할 수 없습니다. 내가 몸담았던 유일한 곳은 미주리 주 콘코디아에 있는 조그마한 침례교회였습니다.

그러나 여러분에게 말씀드리지만, 아마도 어떤 사람도 가질 수 없는 가장 위대한 평의회(board)가 나의 배후에 있습니다. 나에게는 성부와 성자와 성령이 계셨습니다. 우리는 가장 위대한 교회시대에 살고 있습니다.

달리 더 좋은 말이 없으므로 우리는 그것을 카리스마 운동이라고 부르고 있습니다.

그렇지만 그것은 그 용어 이상의 것입니다. 성령은 자신의 교회를 참으로 휴거시키려 하시며, 교회는 위로 올라가려 합니다. 그리고 교회가 올라갈 때, 교회가 이 세상에서 떠나갈 때, 교회는 하나의 완전한 몸으로서 가는 것입니다. 패배 가운데 떠나가는 것이 아닙니다. 그분의 교회, 즉 아버지 하나님께서 성자 예수님께 주신 이 아름다운 은사가 떠날 때, 그것은 한 사람의 완벽한 신부로서 가는 것입니다.

그리스도의 신부가 올라갈 때, 교회가 올라 갈 때, 그것은 패배한 몸으로 올라간다고 여러분은 한 순간이라도 생각할 수 있겠습니까? 당신의 인생에 관해서가 아닙니다. 교회가 올라갈 때, 교회는 완전히 회복된 모든 은사와 모든 성령의 열매와 함께 올라갑니다. 교회는 완벽한 한 사람의 신부로서 가는 것입니다.

그러므로 이 마지막 시대, 나는 하나님의 교회가 어떠한 비난도 받지 않도록 애쓰고 있습니다. 그것은 성령께서 어떤 방어를 필요로 한다는 의미가 아니라, 성령은 나에게 너무나도 신성하신 분이라는 의미입니다.

나는 그분을 위해 나의 생애를 헌신해 왔습니다. 대부분의 사람은 이해하지 못하지만, 나는 나의 전생애를 바쳤습니다. 내가 알고 있는 것은 그것 뿐입니다. 내가 해온 것도 그것 뿐입니다. 나는 내가 믿는 바를 위해서 나의 인생을 헌신해 왔습니다. 그리고 나는 내가 믿고 있는 것에 어떤 비난도 미치지 못하도록 하려 합니다.

스스로 성령으로 충만된 적이 있다고 말하는 사람들이 있습니다. 분명히 당신은 "나는 방언을 말한 적이 있으므로, 성령세례를 받은 것입니다."라고 말합니다.

이 말을 잘못 받아들이는 사람이 있으면 안되기 때문에, 나는 전 세계에 나의 입장을 표명해 왔습니다. 방언을 말하는 것에 관하여, 내가 어떤 입장을 취하고 있는지 누구나 알고 있습니다.

그러나 사랑하는 여러분, 내가 믿고 있는 것은 성령께서 말하게 하시는 대로 방언을 말하는 것 뿐입니다. 그리고 광범위한 카리스마 운동의 사람들 중에는 성령의 은사밖에는 알지 못하고 성령의 인격과 교제한 적이 지금까지 한 번도 없는 사람들이 참으로 수 천, 수 만명이나 됩니다. 그들이 입으로 많은 것을 증거하는 이상으로 그들의 여러 가지 행위가 그것을 이야기해 주고 있습니다.

하나님의 말씀은 이렇게 말하고 있습니다.

"무릇 하나님의 영으로 인도함을 받는 사람은 곧 하나님의 아들이라" (롬 8:14)

하나님의 영으로 인도받는 것의 진정한 의미를 여러분은 알고 계시는지요? 만일 누군가가 인도받고 있다면 그 사람은 순종하고 있습니다.

"이러한 기적들은 어떻게 일어납니까?" 하고 여러분은 묻습니다. 그러한 기적들이 일어나는 것은 내가 성령께 순종하고 있기 때문입니다. 성령은 인도해 주십니다. 나는 순종합니다. 내가 강단이나 무대 위에 걸어들어가기 전에 나는 일 천번의 죽음의 경험합니다. 왜냐하면 나는 자신이 극히 평범한 인간임을 알고 있기 때문입니다. 나는 내 자신이 아무것도 가지고 있지 않는 것을 알고 있습니다. 나는 성령께 완전히 의존합니다. 그분 안에 하나의 장소가 있는데 그것은 죽음입니다.

그렇지만 이 사실을 기억해 주십시오. 만일 당신이 대가를 지불하려고 한다면 캐트린 쿨만이 가지고 있는 것에서 하나님이 당신에게 주시지 않을 것은 어느 것 하나도 없다는 사실입니다.

당신이 어떤 사람이든 상관없습니다. 당신이 얼마나 평범한 사람이든 관계없습니다. 당신이 대가를 지불하려고 한다면 내가 받아왔던 것에서 하나님께서 당신에게 주시지 않으려 하는 것은 아무것도 없습니다. 지불해야 할 대가(희생)는 크지만 그것은 그 대가를 지불할 만큼 가치있는 것입니다. 당신은 그 때문에 모든 것, 완전히 모든 것을 지불하게 될 것입니다. 이해하는 사람이 적고, 그런데도 수 천번이나 그것에 관해 설교해 왔던 성경 말씀이 있습니다.

"자기 십자가를 지고 나를 따를 것이니라" (마 16:24)

언제나 기억하십시오. 십자가는 죽음의 표시입니다. 또 많은 사람이 말해 왔습니다. "나의 장모님이 나의 십자가입니다." 결혼한 많은 여성들이 자기 남편이 자기의 십자가라고 느끼고 있습니다. 그렇지만 예수께서 달려 죽으신 그 십자가는 그분의 십자가였습니다. 그것은 나의 십자가가 아니고 그것은 당신의 십자가도 아니었습니다. 그것은 예수님의 십자가였습니다. 그렇지만 그가 거기에 못박히시기 전에 어떤 일이 일어났습니다. 예수님께서 자신의 영을 넘겨 드리기 전에 그분은 위를 우러러 보면서 자신의 뜻(will)을 아버지의 뜻(will)에 양도해 드렸습니다.

예수님께서 지상에서 걸으셨을 때, 그분은 전혀 하나님이 아닌, 완전한 인간이었습니다. 우리는 때때로 그 사실을 잊고 있습니다.

그러므로 우선 그분은 드려지도록 성령을 통해 자기

자신을 드리셨습니다.

그분은 사단과 직면하게 될 것을 알고 계셨습니다.

그분은 그것을 알고 계셨던 것입니다.

그분은 자기 혼자서는 그렇게 할 수 없다는 사실도 아셨습니다.

그분은 육의 모습을 취할 것임으로 마치 하나님이 아닌 인간처럼 될 것도 아셨습니다.

그분은 하나님의 뜻(will)과는 분리된 별개의 의지(will)를 가진 육의 몸으로 오셨습니다. 나에게 의지가 있고 그것은 하나님의 의지(will:뜻)와는 분리된 별개의 의지인 것과 완전히 동일하게 예수님도 자신의 의지를 가지고 계셨던 것입니다.

그리고 그분이 십자가 위에서 죽으시기 전, 그분은 위를 올려다보면서 자신의 의지를 아버지의 의지에 복종시키셨던 것입니다. 그래서 이 두 의지는 하나처럼 되었습니다. "내 뜻(will)대로 마옵시고 아버지의 원(will)대로 되기를 원하나이다." 하고 그분은 기도하셨습니다.

"누구든지 나를 따르려거든 자기 십자가를 지고…"라고 그분은 말씀하셨습니다. 당신을 위한 십자가가 있습니다. 나를 위한 십자가도 있습니다.

나의 인생에서 가장 위대했던 때는 캐트린 쿨만이 죽

었던 때였습니다. 그것은 나의 인생에서 가장 위대한 순간이었습니다. 그러므로 여러분은 캐트린 쿨만에 대한 이야기를 할 수 있으며, 여러분이 말하고 싶은 것을 무엇이라도 말할 수 있는 것입니다.

나는 캐트린 쿨만에 대해 책으로 읽을 수도 있습니다. 그리고 하나님이 보좌에 계시는 것만큼 확실한 것입니다만, 그것은 마치 내가 다른 누군가의 책을 읽고 있는 것과 마찬가지입니다.

그녀는 죽었습니다. 그리고 그녀가 죽었을 때, 그녀의 의지는 하나님의 의지에 넘겨드려졌습니다.

그러므로 나는 하나님의 인도하심과 하나님의 뜻을 기다립니다. 나는 누구도 두려워하지 않습니다. 나는 지옥에 있는 모든 악의 세력도 두렵지 않습니다. 나는 하나님의 뜻에서 벗어나는 것, 이 한 가지 사실만 두려워합니다. 그렇지만 내 개인의 의지(뜻)가 하나님의 의지를 계속 따르고 있는 한, 내가 하나님의 뜻에서 벗어나는 일은 결코 없을 것입니다.

사랑하는 친구 여러분! 만일 여러분이 자신의 의지를 복종시키고 있다면, 그래서 두 개의 의지가 하나로 되어 있다면, 그리고 여러분이 자신의 십자가를 지고 그분을 따라가고, 그분이 인도하시며, 여러분이 죽음이라는 대가를 지불해 왔다면, 사랑하는 여러분! 여러분은 하나님의 완전하신 의지(뜻)를 놓쳐버릴 리가 없습니다. 여러분에게는 위대한 대제사장 직임에 항상 계시는 분이 있으며, 그분은 언제나 살아계셔서 여러분과 저를 위해 중보하고 계시기 때문입니다.

여러분이 하나님의 완전한 뜻을 알지 못하게 되었다면, 그때 여러분은 아무것도 해서는 안됩니다. 기다리십시오. 위를 올려다보면서 이렇게 말씀드리십시오.

"저는 알지 못합니다."

인간들의 소리에 귀를 기울여서는 안됩니다. 조용히 하십시오. 하나님께서 확실히 말씀하시는데도 충분히 조용하지 않기 때문에 그분의 음성을 듣지 못하는 사람도 있습니다. 그분은 천둥 가운데 계시지 않습니다. 그분은 웅성거림 속에 계시지 않으셨습니다. 그분은 지극히 세미한 음성 가운데 계셨습니다.

살아계신 하나님 아들의 완전하신 뜻을 아시는 성령께서 우리를 위해 중보해주시고 계십니다.

때로는 여러분을 통하여 기도하실 때도 있습니다.

문제는 우리의 99퍼센트가 하나님의 의지가 아니고, 자신의 의지를 행하려고 하는 것입니다.

대부분의 그리스도인들이 하나님의 뜻을 알지 못하는 것은 아닙니다. 오히려, 그들은 하나님의 뜻을 분명히 알고 있지만, 거기서 몸을 빼내버리고는 이렇게 말합니다.

"지불해야 할 대가가 너무나도 큽니다."

우리들 가운데 너무나 많은 사람들이 하나님의 뜻을 단지 그것에 부수되는 환희(ecstasy)나 정서적 감각으로만 생각합니다. 그것은 황홀해야 할 것임을 나는 믿습니다. 거기에는 감정적 측면이 있다는 사실도 나는 믿습니다. 그러나, 실제로 근본적인 것에 이르면, 즉 여러분이 하나님을 너무 사랑한 나머지, 기꺼이 자신의 의지를 그분의 의지에 복종시켜 그분의 의지를 따르고 싶어할 때, 그때 여러분은 상처를 받아 버리는 것입니다.

죽는 것은 간단한 일이 아닙니다. 어느 누구도 살고 싶어하기 때문입니다. 특별히 영적인 의미에서 죽음은 가장 어려운 것입니다.

나는 영원한 보호하심을 믿습니다. 그러나 어떤 사람들이 믿고 있는 믿음의 방식과는 동일하지 않습니다. 나는 미래를 두려워하지 않고 직시합니다. 나는 지옥도 사단의 능력도 전혀 두렵지 않습니다. 왜 두려워하지 않는지 정확히 말씀드리겠습니다. 내가 십자가에 머물고 있는 한 성령께서 나를 지켜주십니다. 나는 내 스스로 나를 지킬 필요가 없습니다. 강단에 서는 사람이 자기를 변호하는 말을 하는 것을 들을 때, 나는 미소지으며 그는 죽지 않았음을 알아차립니다.

그는 정말이지 살아있는 해골입니다.

원수가 홍수처럼 밀려올 때, 주님의 영은 그 원수를

대적하여 조준하여 겨냥하십니다. 내가 십자가에 머물러 있는 한 나의 의지가 아버지의 의지에 양도되어져 있고 내가 그분의 완전하신 의지(His perfect will) 가운데 있는 한 나는 안전합니다. 보호받고 있습니다.

내가 그분의 완전하신 뜻 가운데 있는 한, 나는 예수 그리스도의 피로 덮여져 있습니다. 나는 그분의 사랑 가운데 숨겨져 있습니다.

그분은 흙으로 된 나의 입술을 통해 말씀하십니다. 그분은 항복하고 양도된 그릇을 취하여, 그것을 자신의 영광을 위해 들어 써 주십니다.

그분이 여러분께 구하는 것은 그것뿐입니다.

항복한 그릇이 되십시오. 그분은 여러분의 마음을 받으십니다. 그분은 기름부으심을 주십니다. 그분은 여러분을 보호해 주십니다. 그분이야말로 여러분의 안전입니다.

27. 대가와 하나님의 사랑

피츠버그 노스사이트에 있는 카네기 홀에는 무대로 들어가는 문이 있는 작은 *층계참(landing)까지 계단은 네 개 있습니다.

문에는 검은 손잡이가 달려 있습니다. 지금까지 그 네 개의 계단을 걸어 올라가서 그 협소한 층계참에 서서 문 손잡이에 손을 얹고, 그리고 바로 그 장소에서 캐트린 쿨만은 일 천번이나 죽었습니다. 왜냐하면 내가 문을 열면 그 무대 위에 걸어가야만 하고, 그 앞에 앉아있는 청중은 수 백마일이나 여행해 온 사람들인 것을 나는 알고 있었기 때문입니다.

그곳에 있는 사람들은 다양한 인생을 살아온 사람들이었습니다. 그 기적의 집회에 참석하기 위해 여러 가지 희생을 치르고 온 사람들이었습니다. 그곳이 바로 자기가 마지막으로 가야 할 장소이기 때문에 와 있는 사람들

---
* 층계참(landing:層階站) 층층다리의 중간에 있는 조금 넓은 곳.

도 있었습니다.

전문의들은 그들에게 이젠 더 이상 아무것도 해줄 수 없고, 그들은 와서 이렇게 말합니다. "여기는 마지막 수단입니다. 기적의 집회에 참석하려 합니다. 하나님께서 기도에 응답해 주시리라 믿습니다."

앉아 있는 청중들 중에는 일을 마치고 막 돌아온 한 아버지가 있다는 것을 알고 있었습니다. 그는 아내와 함께 작은 아이를 데리고 와 있었습니다. 그들은 여러 가지 것들을 시도해 보았습니다. 아마 그 아이의 몸에는 암이 있었던 것 같습니다. 그 부부에게 그 아이는 온 세상에서 다른 어떤 것보다도 소중한 존재였습니다.

그들은 최후의 의지처로서 그 아이를 하나님께로 데리고 와 있었던 것입니다.

내가 그 마지막 계단을 밟고 내 손을 검은 손잡이에 얹었을 때, 그 곳에 앉아 있는 청중들 중에, 혹독한 통증의 고통이 있어 이만저만한 노력이 아닌 엄청난 힘을 들여, 그곳에 도착해 있는 사람들도 있고, 또 소리를 내든지 내지 않든지간에 자기 속으로 "그곳에 도달할 수만 있다면, 나는 내가 치유받게 될 것을 압니다."하고 말하고 와 있는 사람들도 많이 있다는 것을 알았습니다.

나는 그 마지막 계단 위에서 일 천번이나 죽었습니다. 내가 무엇을 생각하고, 무엇을 느꼈지는 또 내가 방향을 바꾸어 그 네 개의 계단을 다시 내려가 버리고 싶은 유혹에 몇 번이나 직면했는지는 오직 하나님만 알고 계십니다.

 그 모든 것들로부터 도망치는 것은 이 세상에서 가장 간단한 일이었을 것입니다. 왜냐하면 캐트린 쿨만에게는 치유하는 능력이 전혀 없다는 것을 온 세상에서 다른 누구보다도 캐트린 쿨만이 가장 잘 알고 있었기 때문입니다. 나는 나 자신을 잘 알고 있습니다. 나 역시 인간입니다. 나에게도 자신의 약점과 결점이 있습니다.

 맨 위에 있는 계단에 설 때, 나는 나 자신에게는 치유의 능력이 전혀 없다는 것을 압니다. 만일 나의 인생이 치유의 능력에 의존하고 있다면, 나는 그 청중들 가운데 단 한 사람도 고칠 수 없을 것입니다. 오, 정말 나는 완전히 무력하며, 나는 성령의 권능을 완전히 의지합니다! 여러분 가운데 어떤 분들이 정말로 이 사실을 바로 이해해 주셨으면 하는 마음입니다.

 내가 죽었던 것은 한 번이 아니고, 두 번도 아니고, 여섯 번도 아니고, 나는 거듭 거듭 죽었습니다.

 어느 순간이 올 때마다, 나는 자신을 강제하여 그 문을 열게 하고, 그 강단 위로 걸어가게 합니다. 나는 미소 지으며 걸어가며, 매우 빨리 걸어갑니다. 내가 왜 그렇게 빨리 걷는 걸까 하고 생각하는 사람들이 많이 있습니다. 쉬라인(shrine) 강당의 커다란 무대의 가장자리에서 나올 때도, 카네기 홀의 문을 통해 나올 때도, 혹은 다른 어디에서도 그렇습니다. 내가 걷는 것이 이상하게 빠른 것을 내 스스로 모르고 있는 것은 아닙니다. 나는 수많은 군중들 앞에 서는 순간부터 나는 이미 캐트린 쿨만이 아닌 것을 알고 있기 때문에, 나는 끊임없이 그렇게 하지 않으면 안된다고 생각하는 것입니다.

성령께서는 내가 그분께 완전히 포기한 것을 취하여 주십니다. 그것은 바로 나 자신입니다. 내가 그분께 드리는 것은 양도되고 순종하는 토기입니다. 그분은 그것을 취하시고 그것을 통해 역사를 행하실 수 있습니다. 그만큼 간단합니다.

그럼에도 불구하고, 우리들 중 누구도 습득하기 가장 어려운 렛슨 중 하나는 어떻게 해서 자신을 성령께 양도해 드리는가 하는 문제라고 나는 믿습니다. 나에게 그것이 얼마나 어려운 것이었는지 나는 알고 있습니다. 왜냐하면 성령은 내가 이용할 수 있는 인격이나 능력이 아니란 것을 오래 전부터 나는 알고 있었기 때문입니다. 이것은 여러분도 반드시 배워야 할 공과입니다. 그분은 그러한 그릇을 요구하십니다. 그리고 나이든 우리 중 누구든 드릴 수 있는 것은 그것뿐입니다.

이렇게 여러분께 말씀드리면서 나는 나의 마음을 그대로 털어놓았습니다. 그것은 대부분의 사람이 알지 못하고, 앞으로도 그것을 이해하게 될 사람은 아주 적은 숫자에 지나지 않을 것입니다.

사람이 하나님께 자기 자신을 완전히 굴복해 드리는 장소가 있습니다. 당신이 자신의 전존재를 그분께 드릴 때, 즉 당신의 몸, 당신의 마음, 당신의 입술, 당신의 음성, 당신의 의식을 그분께 드릴 때, 당신은 완전히 양도된 그릇이 되는 것입니다. 그리고 하나님께서 자신의 강력한 역사를 행하시기 위해 사용하시는 도구는 그러한 그릇입니다.

지난 날 어떤 사람이 나의 사무실에 들어와서 말했습니다.

"캐트린 쿨만씨, 우리 나라의 많은 지도적 교단의 교회에서 큰 영향력을 가진 사람들이 당신의 성령 사역을 오늘날 가장 순수한 사역 중 하나라고 생각하는 것을 아셨습니까?"

나는 곧바로 대답해 주었습니다.

"오, 고맙습니다. 그렇게 말씀해 주시니"

이 신사는 다소 유감스럽게 말했습니다.

"그런데 당신은 기쁘지 않습니까? 두근두근하지 않습니까? 그 말이 극진한 찬사라고는 생각하지 않습니까?"

나는 이렇게 대답해 줄 수밖에 없었습니다.

"예 물론 나는 깊이 감사합니다. 하지만 아시다시피, 큰 희생을 지불하고 전적으로 혼자서 견뎌온 사람으로서 성령께 완전히 굴복하는 전쟁을 계속해 오는 사람으로서, 그 후에 결국 트로피가 주어져도, 그 트로피는 그다지 중요하지 않습니다. 당신이 대가를 지불해 왔고, 그 대가가 컸다고 합시다. 당신이 희생을 지불해 왔고, 그 희생이 컸다고 해도 하나님이 당신에게 그것을 요구하신다면, 당신은 다시 한 번 기쁨으로 기꺼이 할 것입니다."

내가 치유의 은사를 가졌다고 말하는 사람들이 있습니다. 내가 믿음의 은사를 가졌다고 말하는 사람들도 있습니다.

그렇지만 나는 나 자신이 성령의 은사 한 가지라도 가지고 있다고는 말하지 않습니다. 만일 성령께서 누군가에게 은사를 신뢰하여 맡김으로, 그 사람에게 큰 영예 주셨다고 하면, 만일 성령께서 누군가에게 자신의 은사들 중 어느 것인가를 주시려 원하셨다면, 그러한 은사는 신성한 것으로서 취급되어지지 않으면 안됩니다.

그것은 귀중하게 취급되지 않고, 그것을 부풀려 말하거나 자랑하거나 해서는 안됩니다. 왜냐하면 그것은 신뢰하여 위임된 거룩한 것이기 때문입니다. 그것은 주의 깊게 현명하게, 신중하게 사용되어져야 합니다. 왜냐하면 그 은사의 부여함과 함께 압도할 만큼의 커다란 책임감이 동반되기 때문입니다.

나는 그 계단 위에 서서 손을 검은 손잡이에 얹고 하나님이 나 대신에 누군가 다른 사람을 부르셨다면 좋을 텐데 하고 생각했던 적이 몇 번이나 있었습니다.

하나님은 나에게 말씀을 주신다는 사실을 믿고, 하나님은 나에게 능력을 주시고 계심을 인식했습니다.

하나님에 나에게 주시는 그 능력에는 내가 압도당해 버릴 만큼의 커다란 책임이 있다는 사실을 인식했던 것입니다.

그 책임이 너무나도 압도적이기 때문에 미주리 주 농장에서 해가 질 무렵, 작은 닭장에서 계란을 모으고 있던 여성을 부러워 했던 적이 한 두번이 아니었습니다. 그녀는 아마 우유짜기를 돕거나, 그녀의 소중한 가족을 보살피고 있었을 것입니다.

하나님께서 나를 열 네살 때 부르지 않으셨다면, 나는 틀림없이 쉽게 미주리 주의 어느 농부의 아내가 될 수 있었을 것입니다.

그 농부의 아내는 밤에는 잠자리에 들 수 있으며, 틀림없이 지쳐있었을 테지만 그녀는 휴식을 충분히 취한 후 새벽의 여명이 비추이면, 또 일상의 일을 시작합니다. 물론 그녀는 자신의 가족에 대한 책임이 있습니다. 그렇지만 사랑하는 여러분, 하나님으로부터 부름 받은 자의 책임…… 하나님께서 그러한 사람들을 신뢰하여 맡기신 일에 따르는 책임감의 크기란…!

기적의 집회가 끝난 후, 내가 그 강단을 떠날 때, 집회에서 돌아가는 사람들은 부러운 듯이 말합니다.

"쿨만 씨는 충분히 보상받았다고 느끼고 있음이 틀림없어요. 생각해봐요. 이런 커다란 기적의 집회에서 오늘 저렇게 사람들이 치유받았기 때문에"

그렇지만 사랑하는 여러분! 내가 그 강단을 걸어서 떠나기 시작하면, 금새 이렇게 생각합니다.

"나는 오늘 성령님께 완전히 양도해 드린 걸까? 성령님과 더욱 잘 협력할 수 있었던 것은 아닐까? 아직 더 치유받았을 사람이 있었는지도 모른다. 성령께서 저 큰 군중들 가운데 역사하셨을 때 내가 더 잘 성령님을 따라 갔다면 누군가 다른 사람도 자유케 되었을지도 모른다."

그 엄청난 책임감은 언제나 있습니다. 내가 그것으로부터 결코 벗어날 수 없습니다. 결코 그것으로부터 자유하지 못합니다.

기적의 집회에서 몸이 치유받는 비밀은 성령의 권능이며, 단지 그분의 권능 뿐입니다. 종이 행하는 유일한 역할, 내가 행하는 유일한 역할은 나의 몸을 성령께 양도해 드리는 것입니다. 그러면 성령께서는 그 몸을 통하여 역사하시며, 하나님의 독생자를 높이십니다. 그렇지만 예수님이 높임을 받으시기 위해서는 그 그릇이 완전히 전적으로 양도되지 않으면 안됩니다. 여기에 그 책임이 있습니다.

수 천명의 사람들이 놀라는 사실은 적어도 네 시간, 종종 여섯 시간 동안 휴식없이 계속되는 집회에서 내가 계속 선 채로 있으며, 한번도 앉지 않는 것입니다.

그런데, 네 시간이나 다섯 시간, 또는 여섯 시간이 지나면 나는 집회의 시작무렵 처음 등장했을 때와 똑같이 신선한 상태로 무대를 떠날 수 있습니다.

의사들은 의학적 견지에서 본다면, 나와 같이 몸을 일년 내내 혹사하는 것은 인간으로서 불가능하다고 나에게 말했습니다.

피츠버그의 한 의사가 15년 전에 제게 해준 말입니다만, 당시 나의 생활로서는 나의 몸은 3년 이상 버텨내지 못할 것이라고 했습니다. 그런데 나는 지금도 이렇게 하여 일주일에 칠일 동안, 하루 24시간 여전히 똑같은 보조로 생활하고 있습니다.

매우 긴 집회 후에도 나는 매우 상쾌한 상태로 강단을 내려올 뿐만 아니라, 다시 한 번 나는 집회를 반복할 수 있을 것 같은 느낌이 듭니다! 그 비결은 다만 이것뿐입니다. 즉, 캐트린 쿨만은 그것(그 집회)과 전혀 관계가 없다는 것입니다. 즉, 그것은 성령의 권능입니다. 성령의 기름부으심 아래서 한 시간 있으면, 나는 맨 처음 강단에 올라왔을 때 이상으로, 몸과 마음이 평안한 상태로 강단을 걸어나갈 수 있게 됩니다.

성령의 권능으로 넘어지는 것에 대해 질문하는 사람들이 있습니다. 가장 정직하게 말해서 나는 그 질문에 대답할 수 없습니다. 제가 이렇게 말씀드리는 이유는 나도 이 권능을 이해할 수 없기 때문입니다.

예를 들면 몇 년인가 전 어느 화요일 밤도, 나는 그것을 이해할 수 없었습니다. 한 여성이 일어나서 말했습니다.

"미스 쿨만 어제 저녁 당신의 설교 중에 나는 치유받았습니다."

나는 잠시 멈추었다가 그녀에게 말했습니다.

"설교 중에 당신의 몸이 치유받았다는 말입니까?"

그녀는 "예"하고 대답했습니다. 나는 강단에서 그녀에게 상세하게 물어보니 나의 설교를 듣던 중, 그녀 몸에 있던 종양이 완전히 없어진 것을 알게 되었습니다. 그녀는 말했습니다.

"나는 나 자신의 치유받았음을 완전히 확신합니다. 게다가 오늘 나의 담당의사가 그것을 확인해 주었습니다. 그는 나를 진찰하고 '정말입니다. 종양은 더 이상 거기 없습니다' 라고 말했습니다."

내가 기억하고 있는 한, 그것은 나의 사역 중에서 누군가가 내 설교를 들으면서 앉아 있을 때에 치유받은 맨 처음 일어난 치유였습니다.

그날 이후 수 천명의 사람들이 강당 안에 다만 앉아 있는 것만으로 치유받아 왔습니다.

단지 집회에 참석하는 것만으로, 단지 거기에 앉아 있는 것만으로, 어느 누구도 그들을 손대지 않는데, 어떻게 치유받는 것일까요? 치유의 기도를 받기 위해 줄서서 기다리는 것은 없습니다. 치유의 의식도 없습니다.

그렇지만 다만 그곳에 앉아 있는 사람들이 갑자기 그들의 괴로움이나 질병들로부터 완전히 치유받는 것입니다.

그것을 설명해 달라구요? 내가 설명해 드릴 수 있는 모든 것은 성령님의 임재가 치유하시기 위해 그곳에 계신다는 것 뿐입니다. 성령께서는 내가 여러분 위에 나의 양손을 얹거나, 여러분에게 접촉해야 하거나 하는 것을 필요치 않습니다. 나의 손에도 나의 몸에도, 치유의 능력은 전혀 없습니다. 그러나 예수님께서 지상을 걸으셨을 때, 예수님의 몸을 통하여 기적을 행하셨던 동일하신 성령께서 오늘날도 활동하시는 것입니다.

그리스도는 전혀 하나님이 아닌 것처럼 인간과 같으셨지만, 그분은 그러한 역사들을 행하시는 주체는 성령이심을 알고 계셨습니다.

베드로도 이해하고 있었습니다. 그 역시 기적을 행하시는 분은 하나님의 성령이심을 인식하고 있었습니다

(행 10:38).

그리고 오늘날도 성령께서는 자신의 치유 사역을 계속하시고 계십니다. 또한 그 대강당 안에서 몸을 치유하시는 분은 성령이십니다.

병자들 중 많은 사람들은 내가 볼 수 없을 정도로 나로부터 멀리 떨어진 장소에 있습니다. 그들은 나에게는 낯선 모르는 사람들이지만, 성령께는 그렇지 않습니다.

하나님은 나를 위해 지금까지 행하여 오신 것을 여러분을 위해서도 행하여 주실 것입니다. 왜냐하면 하나님은 사람을 차별하시는 분이 아니기 때문입니다. 복음을 전달하기 위해 부르심을 받은 사역자로 그의 삶과 그의 사역에 동일한 권능을 가질수 없는 사람은 한 사람도 없습니다. 내가 가지고 있는 것을 가질수 없는 평신도는 한 사람도 없습니다.

나의 확신은 이렇습니다. 만일 하나님이 당신을 신뢰할 수 있는 자임을 아신다면, 당신이 받기에 충분히 믿을만 하다고 하나님이 느끼시는 것을 당신에게 주실 것입니다. 나의 경우, 아직 받아야 할 것이 훨씬 많이 있다고 지금도 느끼고 있습니다. 오늘날 살아 있는 사람들 중에 나보다 더 갈급해하며 구하는 자는 없습니다.

아직껏 한번도, 아무리 위대한 성도일지라도 하나님께서 주시는 것 모두는 받지 못했습니다.

성령께서 성취하실 수 있는 것을 모두 이룰 수 있으

며, 그 항복된 그릇을 통하여 성령께서 기쁘게 뭔가를 성취할 만큼, 그 정도로 완전히 자신을 복종시키는 것을 배운 사람은 아직까지 아무도 없다고 나는 믿습니다.

더욱 더 많은 것들이 있습니다. 그리고 우리가 영광의 본향에 가서 하나님의 놀라우신 임재 가운데 서게 될 때, 만일 우리가 그분께 양도해 드리는 방법을 더 완벽하게 배우기만 했더라면 우리 받은 은혜 위에 얼마나 많은 은혜를 받을 수 있었을 텐데 하고 말하고는 놀라게 될 것입니다.

내가 매우 신중하게 지키는 것이 있습니다. 왜냐하면 내가 거듭남에 대한 지식은 별도로 하고, 그것이 바로 내가 가진 가장 귀한 보물이기 때문입니다.

그것은 말로 해도, 종이로 써도, 충분히 설명할 수 없는 것입니다. 그것은 나 자신으로부터 나온 것이 아닙니다.

그렇지만 그것은 내가 아는 한, 가장 현실적이고 실제적인 것입니다. 그것은 사람에 대한 나의 사랑입니다. 이 사랑은 분명히 나 자신에게서 나온 것이 아니고, 하나님으로부터 온 것입니다.

> "그의 성령을 우리에게 주시므로 우리가 그 안에 거하고 그가 우리 안에 거하시는 줄을 아느니라" (요일 4:13)

그리고 성령의 권능에 의해 우리가 자신을 그분께 양도해 드릴 때, 하나님의 사랑은 우리 안에서 완전해집니다.

 이와 같이 하나님의 사랑을 아는 것은 설명도, 상상도 할 수 없는 깜짝 놀랄 만한 경험입니다.

 내가 만일 그 사랑을 잃게 되는 일이 있다면, 나는 더 이상 사람들의 영혼에 도움의 손길을 미칠 수 없을 것이며, 병든 사람의 몸을 위해 기도할지라도 어떤 효과도 없게 될 것입니다.

 양팔로 자신의 자녀를 안고 있는 아버지를 위해 기도할 때 내가 느끼는 감정을 정확히 설명할 수만 있다면 좋을텐데 하고 생각합니다.

 내 마음 깊은데서 느끼는 것을 여러분에게 말로 표현해 줄 수만 있다면 좋을텐데 하고 생각합니다.

 그 아버지가 어린 아기를 자신의 양팔로 안고 서 있습니다. 그 순간 나는 그 강당 안에 있는 어느 누구도 전혀 의식하지 않습니다. 그 많은 청중들은 수 천명이나 되겠지만, 그런데 그 순간, 양팔 안에 있는 작은 아이를 달래고 있는 건장한 한 남성밖에 나는 의식하지 않습니다.

 만일 그 남자 아이인지 여자 아이가 치유받기만 한다면, 그 젊은 아버지는 자신의 생명일지라도 기꺼이 내놓을 것임을 나는 알고 있습니다. 나는 타올라서 소멸시킬 정도의 강력함으로 그것을 느낍니다. 그리고 그 순간 나는 완전히 사랑합니다. 그것은 인간의 사랑이 아니고, 전적으로 하나님의 사랑입니다. 그것은 본성적인 사랑이 아니고, 전적으로 초자연적인 사랑입니다.

그것은 나의 사랑이 아닙니다. 왜냐하면 내가 이런 모든 것을 감싸안는 모든 것에 골고루 미치는 긍휼함을 가지는 것은 완전히 불가능하기 때문입니다. 그것은 하나님의 사랑입니다.

그 순간 그 아기가 치유받는 것을 보기 위해서라면 나는 나의 생명이라도 기꺼이 내어놓았을 것입니다.

한순간 나에게 완전한 무력감이 밀려 왔습니다. 나는 나 스스로는 아무것도 할 수 없으며, 그것을 충분히 알고 있습니다. 나는 나 자신이 하나님의 권능에 완전히 의존하고 있다는 사실을 다시금 깨닫습니다. 그리고 나는 소리를 내어 기도드립니다.

"놀라우신 예수님 제발 이 아이를 만져주세요." 그렇지만 내 마음 속의 기도는 아무도 듣지 못합니다. 내 마음속 깊은 곳에서 나오는 조용한 기도는 은혜의 보좌에까지 올라가고, 나의 간구의 진수는 아버지 하나님과 나밖에 알지 못합니다.

"아버지 부탁드리나이다. 저 아이가 살 수 있다면 나는 그 대가를 나의 생명으로 기꺼이 치르겠나이다."

나는 그 기도를 지금까지 한 번 뿐만이 아니라, 천번

이나 해 왔습니다.

나는 조그마한 체구의 한 여인 앞에 서 있습니다. 군중들은 모두 그녀의 머리에 쓰고 있는 작은 두건(kerchief)을 보고 있습니다. 그녀가 어떤 복장을 하고 있는지 모릅니다. 내가 보고 있는 것은 지치고 헤어진 듯한 그 손뿐입니다. 뒤틀려지고 찌그러져 있는 것도 곳곳에 보입니다. 나는 그 힘든 일을 치르러 온 희생을 보고 있습니다. 그리고 그 순간, 나는 그녀의 얼굴은 보이지 않을지도 모르지만, 그녀의 두 손을 내 손 안으로 잡고, 내 마음 속에 있는 사랑을 그녀가 느낄 수 있도록 하나님께 기도드리기 시작합니다. 내가 소리내어 드리는 기도는 매우 단순합니다. 내가 기도하는 것은 아마 디것뿐일 것입니다.

"놀라우신 예수님 더 좋은 기도를 드릴 수 없음을 용서해 주시옵소서."

그렇지만 내가 말하고 있는 순간, 내 마음 속에는 그 귀한 여인에 대해, 초자연적인 사랑… 하나님의 사랑이 흐르고 있습니다. 바로 그 때, 하늘 아버지가 자기의 크고 부드러우신 자비로, 또 우리 구주께서 놀라우신 긍휼로 그 몸을 만져주시고 그녀를 고통에서 건져내 주신다면 나는 기꺼이 내 생명을 드릴 것입니다.

내가 그 믿음의 기도를 드릴 때, 내 안에 있는 것은 하나님 외에 아무도 알지 못합니다.

한 남성이 거기에 서 있지만, 나는 그 사람을 알콜 중독으로 결박되어 있는 사람으로서가 아니라, 그 이상의 사람으로 봅니다.

　나는 그가 죄의 권능에서 해방될 때, 변화받게 된 그를 보고 있는 것입니다.

　내가 기도하기 전에 몇 가지 질문을 하는 경우가 있습니다만 그것은 왜일까 하고 사람들은 생각합니다. 가령 나는 이 사람에게 이렇게 질문합니다. "가족이 있습니까?" 나는 단지 대화만을 위해서 질문하는 것은 아닙니다. 나는 그 사람이 술에서 구원받으면, 누가 영향을 받게 되는가를 알고 싶은 것입니다. 그것은 소년들인지도 모르고, 자기의 아들일지도 모릅니다. 그 아들은 아버지는 세상에서 제일 위대한 사람이라고 생각하고 있는데, 어느 때 술에 취해 집에 돌아오는 것을 알았다면 당황하여 부끄럽게 생각할 것입니다. 게다가 다른 소녀들이 "저 사람이 네 아버지니?" 하고 경멸하여 말하기도 하겠지요.

　내가 보는 사람은 거듭 거듭 계속 기도해 온 한 아내일지도 모릅니다. 얼마나 오랫동안 기도해 왔는지는 하나님만 알고 계십니다.

　한 남자가 술에서 해방될 때, 나의 기도가 응답받은 것은 아니라는 사실을 알아차리는 경우가 종종 있습니다. 즉, 그 남자가 술에서 해방된 것은 오랜기간 기도해 온 한 아내의 기도로, 참으로 그 순간 그 집회에서 그녀의 기도가 응답받은 것입니다. 혹은 그것이 어린 딸이 아버지를 위해 드렸던 기도로, 그것이 갑자기 응답되어 그 남자가 순간적으로 해방된 것인지도 모릅니다.

내가 단순한 기도를 드릴 때, 나의 생각을 아는 사람은 아무도 없습니다. 내가 기도의 대상이 되는 사람이 기도에 의해서 뿐만 아니라, 압도할 만큼의 사랑에 의해서도 둘러싸여 있는 것은 아무도 알지 못합니다.

나는 사랑의 눈으로 그 사람을 봅니다. 그리고 사랑하는 여러분, 만일 내가 이 사랑을 잃어버리게 된다면, 나의 사역은 더 이상 존재하지 않게 될 것입니다. 아직도 구원받지 못한 죄인은 내가 말하는 것을 이해하지 못할지도 모릅니다.

그는 성경을 이해할 수 없을지도 모릅니다. 그는 기적을 이해할 수 없을지도 모르지만, 그에 대한 나의 사랑을 그가 느낄 수 있으며, 나의 사랑이 관통해 나간다면, 나는 그를 주 예수 그리스도께 인도할 수 있습니다. 왜냐하면 그가 느끼는 사랑과 내가 그에게 말하고 있는 것은 실제로 드러난 예수 그리스도의 사랑이기 때문입니다.

영어를 하지 못하는 사람들이 집회에 오는 경우가 자주 있습니다. 그들은 내가 말하는 것을 이해하지 못합니다. 그들은 설교 한 마디도 이해하지 못합니다. 그렇지만 강단으로 초청하는 시간이 되면, 그들은 그리스도를 영접해 들입니다. 그들은 그리스도를 개인적인 구주로서 드디어 영접한 것입니다.

그것은 내가 말한 것 때문이 아니고, 그들이 느낀 것 때문입니다. 즉, 성령의 직접적인 임재와 권능에 의해서입니다.

언젠가, 피츠버그의 유명한 비즈니스 맨 한 명이 칼톤 하우스 호텔 로비에서 나를 불러 세웠습니다. 그는 말했습니다.

"미스 쿨만, 나는 오랫동안 당신에게 말하고 싶었는데, 이제 그 기회가 왔습니다. 당신이 알아 주셨으면 하는 것이 있는데, 바로 이것입니다. 나의 어머니는 시골 출신이며 러시아인으로서 영어를 하지 못하며, 이해하지 못합니다. 그런데 …"

그는 계속해서 말했습니다.

"어머니는 당신의 방송을 한 번도 놓치지 않고 듣습니다. 매일 아침 나는 일하러 나가기 전 당신의 프로에 라디오 주파수를 맞추어 주어야 합니다만, 어머니는 그 프로를 언제나 마음에 두고 있습니다. 어머니는 맨 먼저 나오는 음악을 알고 있으며, 이것이 캐트린 쿨만의 방송인줄 알고 있습니다. 오랫동안 어머니는 당신의 프로를 한 번도 빠뜨린 적이 없습니다. 그런데 오늘날에 이르기까지 어머니는 당신이 말한 내용을 실제로 아무것도 이해하지 못하는 것입니다."

그 신사는 나에게 말하는 것을 도중에 멈추고 그리고는 미소지으면서 말했습니다.

"하지만 아시리라 생각합니다만, 어머니는 꼬박 30분을 앉아서 30분 간 울고만 있습니다. 어머니는 얼굴에 기쁨의 눈물을 흘리며 때때로 러시아어로 갑자기 찬양하거나 기도하기도 합니다. 나는 어머니께 말합니다. '어머니! 쿨만씨가 말하는 것은 알지 못하시죠, 그런데 왜 그렇게 눈물을 흘리세요?' 그러면 어머니는 러시아어로 이렇게 대답합니다. '그렇지만 성령의 능력을 느낄 수 있기 때문이란다. 아주 놀랍구나. 캐트린의 방송이 없다면 나는 살 수가 없단다'"

그는 호텔 로비에서 손을 내게로 내밀고, 나의 손을 꽉 잡았습니다. "솔직히 말씀드리지만 미스 쿨만" 하고 그는 말했습니다.

"그것이 우리 가족은 언제나 그것이 이해할 수 없는 미스테리입니다. 그러나 우리가 이해할 수 없을지라도 어머니는 이해할 수 있기 때문에 그것을 감사합니다."

자 사랑하는 여러분, 여러분이 인생에서 성령의 임재와 권능을 알 수 있게 되기를 기도하고 마치도록 하겠습니다.

여러분께 이 말씀을 드립니다.

"사랑하는 자들아 우리가 서로 사랑하자 사랑은 하나님께 속한 것이니 사랑하는 자마다 하나님으로부터 나서 하나님을 알고"(요일 4:7)

나 자신에 관한 것입니다만, 내가 지금 하고 있는 것처럼 더 이상 사랑하지 않을 때, 사람들이 하늘 나라에 들어가도록 더 이상 내가 기도할 수 없을 때, 나의 설교가 더 이상 사랑으로 뒷받침되지 않을 때, 내가 병든 사람을 위해 기도해도, 그들의 마음의 고통이나, 그들의 비탄, 그들의 괴로움을 더 이상 느끼지 못하게 될 때, 그때 사랑하는 여러분, 나는 결코 다시 설교하지 않을 것입니다.

28. 훈련과 열망

우리의 기적의 집회 중에서 강단에 초청을 했을 때, 한 명의 훌륭한 신사가 어린이처럼 울면서 앞으로 나오는 것이 보였습니다. 나는 그에게로 가서 말했습니다.

"처음으로 그리스도를 당신의 개인적 구주로서 영접했습니까?"

그는 머리를 끄덕였습니다.

"연세는 얼마나 되셨습니까?"

"78세입니다."

"당신은 지금까지 인생에서 이런 것을 했던 적이 없었군요. 당신은 지금까지 주님을 영접한 적이 없었군요?"

"내가 집회에 오기 일주일 전까지는 이 일은 아무것도 알지 못했습니다."

그는 그러고 나서 내 쪽을 보고 얼굴에 눈물을 흘리며

말했습니다.

"오 좀더 빨리 이렇게 하였더라면 좋았을텐데"

이러한 연세든 분들이 하나님께 나오는 것은 놀라운 일이지만 앞날이 창창한 젊은이들이 일찍 배우는 것은 얼마나 더 놀라운 것인지요.

아이들이 배우는 유일한 방법은 훈련을 통해서입니다. 자기 멋대로 훈련되지 않는 욕망보다 더 나쁜 것은 없습니다.

아시는 바와 같이 마구(馬具)로서 매어져 드러누운 말과 같은 생활방식이 있습니다. 그 말은 움직이려고 하지 않습니다.

누군가가 움직이려고 해도 움직이게 할 수 없습니다. 그것은 움직이기를 거부하고 있습니다. 그것은 그곳에 드러누워 있습니다. 또 자유롭게 달리고, 마구를 부셔버리고 무엇이든 부셔버리는 말과 같은 생활방식도 있습니다. 나의 아버지는 그런 말을 한 마리 가지고 있었습니다.

아버지가 모르는 사이에 말을 듣지 않는 말은 마구를 부셔뜨리고 벗겨낸 후, 길로 달려나가려 하고 있었습니다. 말을 듣지 않고 훈련받지 않는 말이었습니다.

그러나, 아버지가 키우고 있던 늙은 미주리 노새도 역시 그랬습니다.

그 노새는 움직이기 싫을 때는 무슨 수를 써도 움직이

려고 하지 않았습니다. 그것이 갑자기 멈추고는 나가지 않고, 다만 앉아서 가만히 있을 때도 가끔 있었습니다.

아버지는 극단적인 두 마리를 사육하고 있었습니다. 두쪽 다 비슷할 정도로 좋지 않았습니다.

풍부한 생활을 하는데는 그 두 종류 사이에서(드러누워 있는 것과 마구 달리는 것의 사이에서) 평형을 이루는 곳을 발견해야 합니다. 건설적이고 훈련받은 생활을 발견해야 합니다.

훈련받는 생활, 자제심이 있는 생활이란 중용(中庸)을 유지하는 생활입니다. 그것은 마구에 붙들려 매어져 움직이려 하지 않는 크고 늙은 미주리 노새가 아니고, 또한 언제나 마구를 망가뜨리고 길을 달려가고, 무엇이든 도중에 있는 것을 부셔뜨리는 말도 아닙니다.

잠시동안 제 말을 잘 들어 주십시오.

열망은 하나님께서 그 사람에게 주신 힘입니다. 그리고 그것 자체는 올바른 것입니다. 열망이 없으면, 생명에 활기가 없어져 버립니다.

생명을 감하는 것으로 생명의 여러 가지 질병을 치유할 수는 없습니다. 당신의 머리를 없애는 것으로 두통을 없애는 것은 불가능합니다. 생명의 치료란 생명을 감하는 것이 아니라, 생명을 증가시키는 것입니다.

비록 환경을 다스리기 위해서는 내적인 생명을 충분히 소유하지 않으면 안됩니다. 그렇지만, 만일 생명이 고양되기 위해서는 훈련된 열망을 통해서만 가능합니다.

열망 그 자체는 죄가 아니며, 악한 것도 아닙니다. 그렇지만 그것은 훈련되지 않으면 안됩니다.

열망을 제거하는 유일한 방법은 더 높고 숭고한 열망으로 그것을 대치하는 것입니다. 혹은 더욱 숭고한 목표 위에 지금 있는 열망을 견고하게 고정시키는 것입니다.

열망은 추진력입니다. 추진력을 생명으로부터 제거해서는 안됩니다.

젊은이 인생에서 그것을 제거해 버리면, 그가 출발하기도 전부터 그를 패배하게 하는 것입니다. 그렇지만 열망은 훈련을 통해 방향을 바꾸어주어야 합니다. 그들은 반드시 콘트롤 되어져야 합니다. 콘트롤 되지 않고, 훈련되지 않는 열망보다 더 나쁜 것은 없습니다.

오늘날 많은 십대 청소년들이 잘못되어 있는 것은 참으로 그것입니다. 그들은 콘트롤이 되지 않고, 훈련되지 않는 열망을 가지고 난폭해져 있습니다.

그렇지만 양친이 자기의 열망을 콘트롤하거나 훈련한 적이 한번도 없었다면, 어떻게 하여, 십대 청소년들의 열망을 훈련하거나 콘트롤 할 수 있을까요?

여러분은 어떻습니까? 이것은 매우 심각한 문제로 인간은 훈련받지 않는 열망에 의해 지배당하고 파멸해 버리는 경우도 있습니다.

어떤 어린이라도 누군가가 제지하지 않으면 캔디봉지 안에 들어있는 캔디를 전부 먹어버릴지도 모릅니다. 어린이는 캔디를 좋아합니다. 당신이 아이에게 캔디 봉지를 주고 그 아이는 누군가가 제지하지 않는다면, 그 봉지 안에 캔디를 전부 먹어 치워버립니다. 어머니가 쿠키를 굽고 있었을 때, 어머니가 내 손을 제지하지 않으셨다면 나는 오븐에서 나오는 쿠키를 전부 먹어버렸을 것입니다.

　그 쿠키는 뜨거운 만큼 더 맛이 있었습니다. 내가 훈련받지 않았다면 위가 아플 때까지 그 쿠키를 먹었을 것입니다.

　어린이들에게 줄 수 있는 최고의 것들 중 한 가지는 그 아이가 어릴 때 훈련하는 것입니다.

　나는 한 사람의 어머니로서 말씀드리는 것은 아닙니다. 왜냐하면 나는 지금까지 어머니가 된 적이 없기 때문입니다. 나는 어린이였던 사람으로서만 말씀드릴 수 있습니다.

　어렸을 때, 나는 접시닦는 것을 가르침 받았습니다. 어머니가 직접 하시는 편이 훨씬 쉬웠을 것입니다.

　그렇게 하는 것이 또한 훨씬 더 간단했을 것입니다.

　나는 접시닦기를 했던 것을 생각해 낼 수 있습니다. 내가 어렸기 때문에 어머니는 오븐 뚜껑을 렌지에서 꺼내 밑에다 놓고, 그 뚜껑 위에 접시닦기 용기를 두고 그리고 나는 접시를 닦았습니다.

나는 식탁준비도 해야 했습니다. 어린 시절, 내가 부엌에서 해야 했던 일은 몇 가지 있었습니다.

나는 요리를 배운 적은 한 번도 없었습니다. 그렇지만 나는 어머니가 하는 것을 보았습니다. 어렸던 나는 요리를 만드는 것을 보고 배웠습니다. 나는 어린이로서 훈련(훈육)받았습니다. 나는 일하지 않으면 안되었습니다.

나의 친구 이브가 죽었을 때, 내가 가장 괴로웠던 것은 그 부엌에 걸어 들어가는 것이었습니다. 이브가 나와 함께 있던 동안은 나는 부엌에서 아무것도 할 것이 없었습니다.

그녀는 부엌일을 하였습니다. 그녀는 부엌에서 여왕이었습니다. 왜냐하면 내가 어렸던 그 무렵부터, 나는 부엌일을 하지는 않았습니다. 나는 다른 일로 바빴습니다.

나는 설교하고 있었습니다. 나는 강대상 앞에 서 있었습니다. 나는 사람들 앞에 서 있었습니다.

이브가 죽은 후, 내가 처음 집에 돌아왔을 때, 혼자서 그 부엌에 서는 것만큼 인생에서 패배감을 느낀 적은 없었습니다. 내가 맨 처음 했던 것은 (정직히 여러분께 말합니다만) 냉장고에 가는 것이었습니다. 나는 냉장고 안에 있던 음식물도 남김없이 꺼냈습니다. 나는 냉장고를 비웠습니다. 나는 매우 패배감을 느꼈습니다. 음식물이라고 생각되는 것은 무엇이든, 부엌에서 꺼냈습니다.

어느 날 나는 내 자신의 얼굴을 바라보며 말했습니다. "너는 그런 조그만 일에도 패배해 버릴 정도의 별 볼일 없는 인간이라고 본 정신으로 말하는 거니?"

나는 나가서 처음 야채를 구입했습니다. 나는 냉장고에 먹을 것은 채웠습니다. 나는 맛있는 커피를 끓이는 방법을 배웠습니다. 나는 맛있는 으깬 감자요리를 만드는 법도 배웠습니다. 그리고 돼지 갈비요리도 정복했습니다.

나는 처음으로 햄을 만들었습니다. 그리고 무슨 일이 있었는지 아시겠습니까? 내가 그렇게 하고 있는 동안, 옛날에 연습했던 것이 되살아났습니다. 나에게 되살아났던 것입니다. 나에게 모든 것이 되살아 났습니다.

나는 마스터했습니다. 여러분께 말씀드리지만, 나는 지금 꽤 괜찮은 요리사입니다.

왜입니까?

"마땅히 행할 길을 아이에게 가르치라 그리하면 늙어도 그것을 떠나지 아니하리라" (잠 22:6)

열망과 훈련이 잘 어우러져 있었던 것입니다.

29. 풍요와 빈곤

부유한 사람이든, 그렇지 않으면 빈곤한 사람이든 당신은 지붕 뒤에 있는 조그마한 방에 살고 있을지도 모르겠습니다.

가구는 아무것도 없고, 은행한 저축한 돈이 전혀 없을지도 모르겠습니다. 그렇지만 만약 당신이 위를 우러러 보시며 이 우주에 계신 전능하신 하나님이 당신의 하늘 아버지이심을 안다면, 그때 당신은 세상에 있는 돈을 다 모아도 살 수 없는 것을 가지게 됩니다.

우리가 유산을 상속하는 자로서 기억되어 진다는 것을 아는 것만큼 스릴 넘치는 것이 또 어딜까요?

우리가 꿈에도 생각할 수 없었던 정도의 부가 우리의 소유로서 남겨져 있지 않습니까? 사랑하는 여러분, 그것이야말로 진실로 믿는 자들의 입장입니다.

예수님께서 떠나가시기 전, 제자들을 불러 그들에게 그분의 것들을 넘겨 주셨습니다. 주님에 의해 주님의 가장 귀중한 재산이 여러분께 맡겨져 있습니다. 여러분은 주님이 이 지상에 계시지 않는 동안, 그 재산을 최대한으로 사용하도록 명령받았습니다. 주님은 성부께로 올라가시고, 죄와 사망에서 승리하시고, 모든 이름 위에 뛰어난 이름을 받으셨습니다. 그분이 우리를 위해 남겨 주신 것은 주님 자신의 이름입니다.

"너희가 내 이름으로 무엇을 구하든지 내가 행하리니 이는 아버지로 하여금 아들로 말미암아 영광을 받으시게 하려 함이라 내 이름으로 무엇이든지 내게 구하면 내가 행하리라" (요 14:13-14)

이 얼마나 놀라운 유산인자요? 당신은 부유한 사람입니다. 당신은 그분의 자녀입니다.

생명에서 완전하며, 죽음에서 승리하시고, 높이 들리워져서 광휘(splendour)에 빛나며, 큰 권능과 영광으로 다시 오셔서 모든 지배와 권위와 권능과 통치보다 훨씬 높은 위에 자리함… 그 모든 것이 우리에게 주어져 있습니다.

그것을 기억하십시오. "너희가 내 이름으로 무엇을 구하든지 내가 시행하리니"

가계도(family tree:家計倒)라는 것이 있습니다! 우리의 영적인 가계도를 생각해 보십시오. 우주 가운데 위대하신 하나님은 우리의 하늘 아버지입니다. 예수 그리스도는 우리의 공동 상속자입니다. 우리는 그분과 공동 상속자입니다. 우리는 부유합니다. 우리는 더 이상 가난하지 않습니다.

그분의 유산 안에 우리에게 남겨진 더 많은 것들이 있습니다.

"평안을 너희에게 끼치노니 곧 나의 평안을 너희에게 주노라 내가 너희에게 주는 것은 세상이 주는 것과 같지 아니하니라 너희는 마음에 근심하지도 말고 두려워하지도 말라"(요 14:27)

이 말씀을 기억하십시오. 그분의 평안은 우리 것입니다. 그 평안은 당신이 호흡하는 공기처럼 실재하는 것입니다. 그것은 십자가 그늘 아래서 소멸하지 않았습니다. 그것은 역사상 가장 혹독한 압력 아래서도 견디었으며, 변함없이 계속 유지되어 왔습니다.

시련과 시험을 당해온 이 평안은 우리에게 즉, 여러분과 나에게 전해져 와 있습니다. 그것은 바울이 "모든 이해를 초월했다."고 표현했던 평안입니다. 그 평안은 우리의 것입니다.

사랑하는 여러분, 여러분은 그 유산을 받아들였습니까? 여러분은 이 조용함을 가지고 있다는 사실을 의식하면서 살아갑니까? 그 평안이 자신의 평안이 되어 있습니까? 여러분이 그 평안을 소유하고 있다면 여러분이 그 평안을 누리고 있다면 여러분은 부유한 자들입니다. 여러분은 가난하지 않습니다.

온 세상을 손 안에 넣더라도 이 평안을 가지고 있지 않다면, 그 사람은 가난한 사람입니다. 여러분이 일센트도 가지고 있지 않더라도 마음 속에 그 평안이 있다면 부유한 사람입니다.

그리고 주님은 자신의 기쁨을 우리에게 남겨 놓으셨습니다.

"내가 이것을 너희에게 이름은 내 기쁨이 너희 안에 있어 너희 기쁨을 충만하게 하려 함이라" (요 15:11)

이 말씀을 생각해 보십시오. "나의 기쁨"이라고 주님은 말씀합니다. 우리가 마음 속에 주님의 기쁨의 근원을 잃어버리지 않고 유지하는 비결은 주님의 지속적인 임재 가운데 우리의 삶을 영위하는 것입니다. 그분의 임재 가운데서 우리는 달콤한 주님의 사랑을 누리고 주님께 순종하며, 또 주님의 완전하신 뜻 가운데서 걸어갑니다. 그분의 임재에 대한 의식 가운데서 우리는 주님의 승인과 기쁨의 미소를 입게 됩니다. 그리고 우리는 주님의 임재 안에 있음을 기억하고 기뻐합니다.

여러분은 아시고 싶습니까? 행복은 밖에 있는 것이며, 환경에 의해 지배받는 것입니다. 여러 가지 일들이 순조로울 때만, 행복은 우리 것입니다. 그렇지만 한편으로 기쁨은 개인적인 것입니다. 기쁨은 혼의 깊은 곳에서 발견되어 집니다. 그 곳에서는 환경도 상황도 여러 가지 일들도 분요케 하거나, 소란스럽게 할 수 없습니다.

당신은 예수님과의 관계를 유지하고 있습니까? 박해가 있음에도 불구하고 환경이 어떠하든, 어떤 시련이 있을지라도, 예수님의 기쁨은 당신이라는 그릇을 가득히 채우고 있습니까?

당신은 주님의 기쁨이 당신을 위한 주님의 유산의 일부로 되어 있습니까? 만일 당신이 그런 종류의 기쁨을 가지고 있다면, 당신은 부유한 자입니다. 그 기쁨이 없다면 당신은 가난한 자입니다. 당신이 행복만 가지고 있다면 당신은 환경에 의해 지배받고 있으며, 또한 가난합니다. 당신이 기쁨 즉, 주님의 기쁨을 가지고 있다면 당신은 부유한 자입니다.

"내 아버지 집에 거할 곳이 많도다 그렇지 않으면 너희에게 일렀으리라 내가 너희를 위하여 거처를 예비하러 가노니 가서 너희를 위하여 거처를 예비하면 내가 다시 와서 너희를 내게로 영접하여 나 있는 곳에 너희도 있게 하리라" (요 14:2-3)

주님은 자기 사람들을 가까이 모이게 하여, 더할 나위 없이 깊은 부드러움으로 자신의 마음을 밝히 드러내셨습니다. 그분은 아버지 집에 있는, 자기 사람들을 위해 예비된 것을 명백히 드러내셨습니다. 하늘에 있는 주님 자신의 집(His own heavenly home)은 그들의 집으로서 그들에게 주어지게 될 것이었습니다.

 하나님이 예비하시는 것, 자기의 자녀들을 위해 계획하시는 것은 그만큼 숭고한 것입니다.

 "나 있는 곳에 너희도 있게 하리라."

 당신은 당신의 장래에 그 희망을 가지고 있습니까? 만일 그렇다면 당신은 부유한 자입니다. 당신이 오늘날 미국에서 가장 훌륭한 집에 살고 있으며, 하인들이 있으며, 모든 것을 살 만큼의 돈이 있을지라도, 이 영광스러운 희망, 장래의 희망이 없다면 당신은 가난한 자입니다.

 또 다른 한편으로 당신이 단칸 방에 살고 있으며, 가구는 낡은 것일지라도, 사후에 있는 이 영광스러운 희망을 확신하고 있다면 당신은 부유한 자입니다. 돈으로 살 수 없는 여러 가지 것들로 부유한 자입니다.

30. 행운

지난 주 토요일 내가 사무실에 앉아 있었을 때, 조금 시간이 있었기 때문에 신문을 집어 들었습니다. "행운(luck)"에 대해서 흥미있는 토론이 실려 있었습니다. 사람들은 스스로 자기의 행운을 만듭니까? 네 사람이 각자의 의견을 내놓고 있었습니다.

맨 첫 번째 사람은 사무원인데, 그는 이렇게 말했습니다.

"사람들은 인생에 대한 자기의 태도에 의해 자신의 행운에 영향을 미치고 있습니다. 만일 누군가가 비관적인 성격이라면, 불운한 일이 일어날 것 같이 보여집니다."

두 번째 사람은 아이스크림을 파는 사람이었습니다.

"어느 정도까지는 행운이든 불운이든 우리는 스스로 자기의 운을 확실히 만들고 있습니다. 나 자신을 예로 들어보겠습니다. 나는 그냥 앉아서 생각만 하며 전혀 아무것도 하지 않고는 나는 운이 없다고 불평만 하고 있을 수도 있습니다. 그러나 그대신 나는 거리에서 아이스크림을 팔며, 나는 그렇게 할 수 있기 때문에 행복하다고 생각합니다."

세 번째 사람은 육류 검사관이었습니다. 그의 생각은 이러했습니다.

"우선 맨 처음 분이 한 말은 행운같은 건 존재하지 않다는 것입니다. 우리가 어떤 성공을 거둘지라도 우리는 그것을 자기 자신의 야망과 노력으로 하는 것입니다. 자기는 운이 없다고 말하는 사람들은 대개 자리에서 일어나려고 하지 않는 사람들입니다."

마지막으로 의견을 말한 사람은 은퇴한 우체국 직원이었습니다.

"행운이라는 것은 가지고 있든지 가지고 있지 않든지 정해져 있는 것입니다. 예를 들면, 지능이 높은 사람(우리는 그것을 행운이라고 부를지 모르지만)이 지위를 상승시키는 것이 불가능하고, 한편으론 그렇게 능력은 없지만 운이 좋은 행운아는 최고 자리까지 승진합니다."

이 행운에 대해서는 다양한 사람들이 의견을 피력해 왔습니다. 나도 내 나름대로 생각을 가지고 있습니다. 여러분도 가지고 있습니다. 아버지도 자신의 생각을 가

30. 행운 · 221

지고 있었습니다.

아시다시피, 어머니는 스위스인이고 아버지는 독일인이었습니다. 아버지는 자주 나에게 이렇게 말씀했습니다. "애야, 누군가 다른 사람이 가지고 있는 것은 어떤 것이라도 절대 탐내서는 안된단다. 왜냐하면 열심히 일하면 다른 사람이 가지고 있는 어떤 것이라도 가질 수 있기 때문이란다." 이것이 아버지의 철학이었습니다. 나는 그렇게 자라났습니다.

"열심히 일하면"

제 말을 믿어주십시오. 나의 아버지는 참으로 열심히 일하셨습니다. 나는 일하는 여자아이로서 성장했습니다.

어머니가 접시닦는 도구를 오븐 두껑 위에 두어야 했을 정도로, 내가 아직 어렸을 때도, 나는 접시를 닦아야 했습니다. 나는 옛날식 가정에서 성장했으며, 우리는 열심히 일했습니다. 어느 누구도 일했습니다. 아버지의 철학은 이러했습니다. "열심히 일하라. 그러면 온 세상의 가지고 싶은 것은 무엇이든 가질 수 있다."

나는 어른이 되고 나서 아버지의 철학은 맞지 않을 때도 있음을 알았습니다. 단지 일만 해서는 충분하지 않습니다. 이른 아침 5시부터 해가 질 때까지 일하는 사람들을 보아왔습니다. 그들은 일하고 일하고 일하지만, 그럼에도 불구하고 조금도 나아진 게 없습니다.

그들은 금년의 시작과 마찬가지로 금년의 마지막에도 진보가 없습니다. 그들은 금년의 마지막과 마찬가지로 내년 마지막도 역시 진보가 없을 것입니다. 전진하기 위해서는 열심히 일하는 이상의 것이 필요합니다.

   잠시동안 저와 함께 생각해 봅시다.

   전에 시카고에서 대화재가 있었던 다음 날 아침 상인들은 무엇을 할까 하고 궁리하고 있었습니다. 한 젊은이의 가게는 연기를 내고 있는 잿더미 안에 있었지만, 그는 자기 주위의 사람들에게 말했습니다. "여러분, 나는 여기에다 세계 최대의 가게를 세우겠습니다." 그것은 불가능한 일처럼 생각되었습니다. 그의 모든 세계는 붕괴하여, 이제 연기 나는 잿더미 속에 내려 앉아 있었습니다. 다른 사람들의 눈에 들어오는 것은 패배밖엔 없는 듯 했지만, 그러나 그는 비전을 가지고 있었습니다. 오늘날 정말 그 자리에 세계 최대의 가게 가운데 하나인 마샬 필드(Marshall Field)가 서 있습니다.

   왜일까요? 그것은 한 젊은이의 결의가 패배와 실패를 뒤엎고 승리했기 때문입니다. 그것은 행운이 아니었습니다. 그것은 우연히 일어난 것 또한 아니었습니다. 그것은 일하는 것과 결심하는 것의 콤비네이션이었습니다.

   글렌 커닝햄(Glenn Cunningham)은 1마일 경기에서 가장 빠른 주자가 되었던 사람입니다만, 그는 어린 시절 심한 화상을 입고 의사들은 그가 평생 병약하게 살게 된다고 말할 정도였습니다. 의사들은 그는 결코 다시 걸을 수 없을거라고 말했습니다. 불운이라고 말하는 사람도 있었습니다.

그 화재는 칸사스 주 엘크하르트(Elkhart)에 있는 조그만 시골의 학교 건물에서 일어났습니다.

그 학교는 전소(全燒)되어버렸습니다. 그런데 그 젊은이는 심한 화상으로도 병원 침대에서 이를 갈며, 입술을 떨고 눈에 눈물이 홍건이 고여 있었습니다. 의사가 방에서 나간 후, 그는 어머니 쪽을 향해 말했습니다.

하지만 나는 다시 걸을거야! 말해두지만, 나는 틀림없이 다시 걸을거야."

그는 눈물을 닦고 작은 턱을 내밀고 굳은 결심을 한 후, 계속해서 말했습니다.

"나는 걸을 뿐만이 아니라 달릴거야. 달릴 뿐만이 아니라 세계에서 제일 빠른 달리기 선수가 될거야."

온 전신이 3도 화상을 입은 채로 누워 있으면서, 소년은 그렇게 말했습니다.

그는 이제 두 번 다시 걸을 수 없으며 여생을 휠체어 생활을 할 수밖에 없다고 의사들이 말했던 것 따위는 전혀 개의치 않았습니다. 그에게는 결의가 있었습니다.

9000명의 사람들이 뉴욕 매디슨 스퀘어 가든에 빼곡

히 모여서 글렌 커닝햄을 향해 외치며 박수갈채를 보냈습니다.

그것은 그가 종전의 모든 기록을 깨고 1마일 경기에서 세계에서 가장 빠른 사람이 되었던 순간이었습니다.

환자로서 운명되어 있던 그 소년이 단호한 결심으로 그 운명을 승리로 바꾸었습니다. 글렌 커닝햄이 성공한 것은 운이 좋았기 때문이라고 나에게 말하지 마십시오. 그는 열심히 일하는 것, 결심, 그리고 불굴의 정신으로 자기의 성공을 믿었던 것입니다.

사랑하는 여러분, 신비로운 공식이 있습니다. 여러분이 성경을 보면, 그것이 거듭 거듭 반복하여 묘사되어 있는 것을 발견할 것입니다. 왜냐하면 성경의 기자들은 전에 글을 썼던 사람들 중에서 가장 위대한 기자들이기 때문입니다.

내가 언제나 좋아하는 한 가지 놀라운 이야기가 있습니다. 베드로와 요한을 생각해 봅시다. 이상하게도 잘 조화된 한 조(pair)입니다.

한 사람은 언제나 격분합니다. 그는 결코 자신을 콘트롤하지 않습니다. 그는 "우뢰의 아들"로 불리워졌습니다.

또 한 사람은 충동적인 어부였습니다. 아주 거칠은 사람이었습니다. 그렇지만 그들의 삶이 성령께 붙들리자 모든 것이 변했습니다.

어느 날 그들이 성전에 기도하러 가는 도중에 한 명의 거지와 마주쳤습니다. 그 거지는 더러운 손을 내밀고 자비를 구했습니다. 그는 태어나면서부터 다리가 부자유스러워서, 매우 쇠약해져 있었습니다.

매일 친구들이 문 가까이 계단에 그를 데리고 가서 밤이 되면 그를 집으로 데리고 돌아갔습니다. 그는 하루 종일 그곳에 앉아서 자비를 구하며 소리치고 있었습니다. "저를 불쌍히 여겨 주세요. 얼마라도 도와 주십시오. 도와 주십시오."

사람들은 그의 내민 손에다 동전을 떨어뜨려 주었습니다. 그렇지만 그것으로 문제가 해결된 것은 아니었습니다. 그의 문제는 돈이 아니라, 자신의 패배에 관한 것이었습니다.

베드로와 요한은 그에게 돈을 줘도 어떤 유익도 안된다는 사실을 알고 있었습니다. 그들은 우리의 정부기관 만큼은 계몽되어 있지 않았습니다. 그들은 모두에게 뭔가를 주기만 하면 생활은 잘 될거라고는 믿지 않았습니다. 정말이지 그렇게 믿지는 않았습니다.

베드로와 요한은 가난하고 단순한 사람들이었습니다. 그들은 그 거지를 바라보았습니다. 그가 길가는 사람들을 쳐다보지도 않는 것을 두 사람은 알아차렸습니다. 언제나 가장 먼저 말을 꺼내는 베드로가 그 거지에게 말했습니다.

"우리를 보라."

그러나 그 거지는 쳐다보는 습관이 없었기 때문에 전혀 주의를 기울이지 않았습니다. 다시 한 번 베드로는 그 거지에게 말했습니다.

"우리를 보라."

그가 명령하는 식으로 말하자, 뭔가 설명할 수 없는 능력에 의해 그 거지는 천천히 그리고 괴로운 듯이 머리를 들었습니다. 그는 매우 연약했으며, 눈물을 머금은 눈으로 베드로의 눈을 보았습니다.

베드로의 햇볕에 그을린 얼굴은 친절해 보였으며 또한 강렬해 보였습니다. 그러자 거기엔 어떤 확실한 빛이 있었습니다. 그 빛은 내면(內面)에서 나온 빛이었습니다.

그의 눈 안에는 지금까지 본 적이 없는 문제가 있었습니다. 그때 베드로는 말했습니다.

"나도 이전에는 너와 비슷한 자였다. 나사렛 예수 그리스도 이름으로 일어나 걸으라."

그 거지는 외쳤습니다.

"그러나 나는 젊을 때부터 줄곧 다리가 부자유합니다. 나는 걸을 수가 없습니다."

아시다시피, 감방에 오랫동안 있던 사람들은 쇠사슬이 싫어서 자유를 달라고 기도한다고 생각하지만, 진실로 자유케 되고 싶다고는 생각하지 않는 경우가 종종 있습니다.

베드로는 거듭 명령했습니다.

"나사렛 예수 그리스도의 이름으로 일어나 걸으라."

그 남자는 두 손을 천천히 내밀었습니다.

베드로가 한 손을 잡고 요한이 또 한 손을 잡았습니다. 그들은 그를 끌어당겨 일으켜 세워서, 그 거지는 자신의 모든 체중을 지금까지 한 번도 사용한 적이 없는 발목뼈 위에 실었습니다. 그는 놀라움과 기쁨을 얼굴에 나타내고, 두 눈을 반짝였습니다.

성경은 이 사실을 이렇게 묘사합니다.

> "뛰어 서서 걸으며 그들과 함께 성전으로 들어가면서 걷기도 하고 뛰기도 하며 하나님을 찬송하니" (행 3:8)

바로 지금 이 시간에, 이 책을 읽고 있는 누군가가 이 거지같은 인생을 살아 왔을지도 모릅니다. 이런 일이 일어날리는 없다고 믿지 않으며 의심하고 있을지도 모르겠습니다. 이 우주에 이런 놀랄만한 권능이 있다는 사실과 패배를 승리로 바꿀 수 있는 권능이 있다는 사실을 믿지 않을지도 모르겠습니다.

당신은 자신을 불행한 자라고 말합니다. 당신은 자신의 실패를 비운(hard luck)탓으로 돌리고 있습니다.

사랑하는 여러분, 당신의 불운을 승리로 바꾸어 주시는 그리스도가 계십니다. 바로 지금 당신은 치유받을 수 있습니다. 일어나 걸으십시오! 잠언에 이렇게 기록되어 있습니다.

"너는 마음을 다하여 여호와를 신뢰하고 네 명철을 의지하지 말라 너는 범사에 그를 인정하라 그리하면 네 길을 지도하시리라" (잠 3:5-6)

당신은 승리의 삶을 살기 원하십니까? 그렇다면 따라야 할 세 가지가 있습니다.

열심히 일하는 것, 결심 그리고 지혜입니다.

당신의 지혜가 아닙니다. 그렇습니다. 당신의 지혜가 아닙니다. 자기 자신의 지혜를 의지하지 마십시오. 하나님의 지혜를 의지하십시오. 당신의 모든 길에서 하나님을 인정하십시오. 그러면 하나님은 당신이 나아갈 길을 지시해 주실 것입니다.

당신의 인생계획은 허물어져 버렸습니까? 그렇다면 당신은 "하나님의 은혜로 나는 새롭고 더 좋은 계획을 세울 것이다."라고 말할 수 있습니다. 운이 좋아서가 아니라, 하나님의 사랑에 의해서입니다.

31. 겸손

성어거스틴이 그리스도인의 미덕들 중에 첫 번째는 무엇인지에 대해 질문받았을 때 "겸손"이라고 대답했습니다. 두 번째 위대한 그리스도인의 미덕은 무엇이라고 생각하는지 질문 받았을 때, "겸손"이라고 대답했습니다. 그리고 그는 또 질문을 받았습니다.

"세 번째로 위대한 그리스도인의 미덕은 무엇이라고 생각합니까?"

그는 전보다 더욱 강하고 확고하게 "겸손!"이라고 대답했습니다.

이 겸손이란 매우 총체적으로 잘못 이해되고 있습니다. 그렇지만 나는 겸손만큼 배우기 어려운 공과는 없다고 믿습니다.

이것은 모든 은사들 중에서 가장 드문 것이며, 모든 공과 중에서도 가장 어려운 것입니다.

겸손은 연약함의 표시라고 우리가 느끼게끔 되어 있

는 지경에 와 있습니다.

　사랑하는 여러분, 겸손은 연약함의 표시가 아닙니다. 그것은 연약하고 소심한 성질의 것이 아닙니다. 그것은 힘과 성숙을 나타내 주는 것입니다. 남성 혹은 여성의 삶에서 그리스도인으로서의 모든 미덕들 가운데 가장 위대한 것인 겸손의 미덕을 내게 보여주십시오. 그러면 나는 여러분께 영적으로 큰 능력을 가지고 있으며, 영적으로 큰 신뢰성을 가진 사람을 보여 드리겠습니다. 영적인 의미에서 안전하고 신뢰성이 있는 사람만이 겸손해질 수 있습니다. 진정으로 위대한 남성인지, 진정으로 위대한 여성인지 아는 첫 번째 테스트는 겸손입니다.

　겸손은 또 다른 모든 미덕들의 견고한 토대입니다.

　겸손으로서 자기 자신을 바르게 평가할 수 있습니다. 자기의 겸손을 자랑하거나, 자기의 겸손함에 대해 말하는 것만큼 나쁜 것은 없습니다. 매우 겸손하지만, 그것은 매우 자만하는 것입니다.

　핀으로 풍선을 찔러 터지게 한 어린 여자 아이가 있습니다만 사람은 때때로 그런 짓을 해보고 싶다고 느낄 때가 있습니다.

　당신은 핀을 들고서 그들의 영적 자부심을 터뜨리고 싶다고 생각하시겠지요. 모든 영적 자부심이 없어질 때에만, 항복한 유연한 그릇, 하나님이 쓰실 수 있는 그릇을 발견할 수 있습니다.

주님께서 친히 말씀하셨습니다.

"나는 마음이 온유하고 겸손하니 나의 멍에를 메고 내게 배우라 그리하면 너희 마음이 쉼을 얻으리니" (마 11:29)

사람은 영적으로 되면 될수록 점점 더 자기의 생명 안에 주님의 성품을 가지게 되며, 살아계신 하나님의 성령께 점점 더 항복한 자가 되며, 점점 더 거룩한 자가 되며, 점점 더 주님께 가까이 가며, 점점 더 겸손해지게 됩니다. 그것은 영적인 겁쟁이의 표시가 아닙니다. 그것은 영적으로 힘이 있으며, 영적으로 신뢰할 수 있다는 표시입니다.

위대한 아브라함이 "티끌과 같은 나"(창 18:27) 라고 말했던 날이 있었습니다. 아브라함은 자기를 보고 자신을 정확히 평가했습니다. 그는 외쳤습니다.

"나는 티끌과 같습니다."

오늘날 만일 하나님께서 아브라함에게 말씀하셨듯이 누군가에게 말씀하시고, 위대한 약속과 언약을 주신다면, 그런 사람은 매우 부풀어 올라서 교만하게 되어 옆에도 가까이 하고 싶지 않은 사람이 되어버릴 것입니다.

옷의 단추가 떨어질 정도라도 그 사람은 이런 식으로 소문을 퍼뜨릴 것입니다. "하나님이 나에게 말씀하셨습니다. 하나님은 나에게 약속해 주셨습니다. 하나님이 참으로 나와 내 자손들에게 위대한 약속을 주셨습니다."

그러나 아브라함의 경우는 이렇지 않았습니다. 그는 "나는 티끌입니다."라고 말했습니다.

모세를 보십시오. 모세의 하나님과의 관계를 보십시오. 모세와 하나님과의 친밀함을 보십시오. 모세가 하나님으로부터 받은 은총(favor)를 보십시오. 그런데도 모세는 하나님께 이렇게 말했습니다.

"내가 누구이기에 바로에게 가며 이스라엘 자손을 애굽에서 인도하여 내리이까" (출 3:11)

솔로몬을 보십시오. 솔로몬은 모든 사람 중에서도 가장 지혜로운 사람이었습니다. 그는 오늘날에도 법정에서 인용되곤 합니다. 솔로몬은 말했습니다.

"종은 작은 아이라 출입할 줄을 알지 못하고" (왕상 3:7)

사랑하는 여러분, 이것이야말로 참된 지혜입니다. 사람은 알면 알수록 자기가 거의 알지 못하고 있다는 사실을 점점 더 깨닫게 되는 것입니다. 자기는 무엇이든 알고 있다고 느끼는 사람은 무지한 사람입니다.

충고를 결코 받아들이려고 하지 않는 사람은 무지한 사람입니다. 다른 사람이 무엇을 말해도 받아들이지 않는 사람은 무지한 사람입니다. 사람은 많이 알면 알수록 자기가 거의 모른다는 사실을 점점 더 깨닫게 됩니다. 그러므로 솔로몬은 자기의 지식을 다해서 이렇게 말했습니다. "나는 작은 아이라 출입할 줄을 알지 못합니다."

다윗을 보십시오. 시편의 어느 곳에서도, 다윗이 골리앗을 죽였던 사실을 말하는 부분은 한 군데도 찾아 볼 수 없습니다. 그것을 말하는 것은 다윗은 누군가 다른 사람에게 맡겨 버렸습니다. 영적으로 신뢰할 수 있는 사람, 영적으로 능력이 있는 사람은 자기의 나팔을 불고 돌아다닐 필요가 없습니다. 전혀 그럴 필요가 없습니다. 그는 온유하게 걸어갑니다. 그는 조용히 걸어갑니다. 자기는 하나님의 능력에 완전히 의존하고 있음을 알고 있습니다. 나는 지금도 말하지만, 이 겸손이라는 공과는 배워야 할 모든 공과 가운데, 가장 어려운 것이며, 그런 이유로 예수님께서 떠나시기 전에 제자들에게 맨 마지막으로 가르쳤던 공과였던 것입니다.

편견은 사라지기 때문입니다.

당신은 그의 장점을 발견하게 되고, 그의 결점은 말하지 않게 됩니다. 왜냐하면 당신은 매우 잘 알고 있는 사람을 미워하는 일은 좀처럼 없기 때문입니다.

당신이 누군가와 아는 사이가 되어, 그의 방식을 이해

할 때, 그때 그의 결점은 전혀 문제가 되지 않습니다. 왜냐하면 칭찬할 만한 일이 많이 발견되기 때문입니다.

이러한 말을 누가 기록했는지 나는 알지 못하지만, 그것은 오늘날의 신문과 마찬가지로 신선합니다. 내가 처음으로 그 말들을 읽은 후 나는 곰곰히 생각해 보았습니다. 예수님은 우리의 아버지를 명백히 해 주십니다. 예수님은 또 우리의 형제도 명백히 해 주십니다. 그분은 우리의 편견을 가진 눈에서 덮개를 제거하고, 모든 인종, 모든 피부색, 모든 계급의 한 사람 한 사람에서 우리로 하여금 무한한 가치를 보게 해 주십니다.

예수님에게 이방인은 문제거리가 아니었습니다.

그들은 가능성을 가진 사람들이었습니다.

모든 기독교가 하나님으로부터 성령세례를 받아야 할 필요가 있습니다.

우리는 마음에 신선한 하나님 사랑의 세례를 필요로 합니다. 그것은 우리의 종교가 편견과 미움을 마음에 품게 하는 것이 되지 않고 사람들의 가능성을 명백하게 하는 것이 되기 위해서입니다.

기독교는 이중의 계시입니다. 그것은 하나님에 대한 계시와 인간에 대한 계시입니다. 기독교가 하나님이 사람을 보시는 것처럼 사람을 보지 않을 때 그것은 이미 기독교가 아닙니다. 우리가 필요로 하는 믿음이란, 하나님을 믿음과 함께 사람을 믿는 믿음입니다. 그리스도인이라면 누구라도 이 기도를 하며 또 실행해야 합니다.

사랑의 하나님, 오늘날 모든 사람들 안에서 무한한 가능성을 보시고 계시는 당신과 동일한 방식으로 볼 수 있도록 저를 도와 주시옵소서. 그 가능성이 아무리 덮개로 덮여져 있을지라도, 가령 우리가 이해할 수 없을지라도, 우리는 그 사건을 잘 알고 있습니다. 하나님 나라에서 누가 가장 큰 자인가에 대해 제자들이 말하는 것을 예수님은 듣고 계셨습니다. 주님은 매우 조용히 허리에다 수건을 두르시고(마치 종처럼) 무릎을 꿇으셨습니다. 그분은 하나님이시며, 하늘과 땅의 모든 권세를 가진 분이셨는데도 친히 제자들의 발을 씻기셨습니다. 그리고 그분은 말씀하셨습니다.

"내가 너희에게 행한 것 같이 너희도 행하게 하려 하여 본을 보였노라 내가 진실로 진실로 너희에게 이르노니 종이 주인보다 크지 못하고 보냄을 받은 자가 보낸 자보다 크지 못하나니" (요 13:15-16)

위대한 사람은 자기의 이름을 기념비에 남기는 것을 염려할 필요가 없습니다. 하나님은 자기의 자녀들이 죽은 후, 스스로를 위해 결코 위대한 기념비를 남기도록 정하지 않으셨습니다. 그리스도인이 남길 수 있는 가장 위대한 기념비는 누군가의 혼을 주 예수 그리스도께로 인도한 것입니다. 오순절 이후, 마태는 펜을 들고 기록했습니다. 그러나 그는 기록하면서 마태 자신은 전혀 시야에 들어오지 않도록 했습니다.

그는 자신을 "세리(publican)"라고 불렀습니다. 베드로는 자신을 낮추고 예수님을 높였습니다. 누가는 오늘날 "의사 누가"로 되어 있지만, 그가 기록한 복음서 안에 누가의 이름을 발견할 수 없습니다. 하물며 그의 직함같은 것은 당연히 발견할 수 없습니다.

요한은 다음과 같이 말하여 자신을 숨긴 그대로입니다. "예수님이 사랑하신 제자", 또 바울은 모든 성도들 중에서 가장 위대한 성도이지만, 자기를 말할 때, "모든 성도 중에 지극히 작은 자보다 더 작은 자"(엡 3:8)라고 말했습니다.

사랑하는 여러분, 이것이 바로 겸손입니다.

32. 선입관(Prejudice)

인간의 약점은 첫 사람의 때로 거슬러 올라가야 할 만큼 오래되었지만, 오늘날 신문에서도 보여질 만큼 새로운 것이기도 합니다. 인간은 자기의 동료에 대해 참을 수 없는 존재입니다. 역사를 통해 이 약점은 증오와 반목과 전쟁으로 역사의 페이지를 어둡게 해왔습니다. 오늘날에도 거듭 그것이 인류를 지상에서 일소해 버릴 위협이 되어 있습니다.

우리가 다른 사람들의 생각과 장점을 알려고 하지는 않고, 사람들의 진면목을 아는데 실패하고 사람들을 참으려고 하지 않는다면, 우리는 증오하며 살인하게 되는 것입니다.

오해가 오랫동안 계속되면 다른 사람도 다른 나라도 악마처럼 생각되고 상대방도 자기를 그렇게 생각하게 됩니다.

요전에, 한 장의 오려낸 종이가 나왔습니다. 어떤 스

크랩북에 풀로 붙여져 있었습니다. 그것은 어떤 연설 내용을 적은 것으로 40년 이상 전에 어느 클럽에서 말해졌던 것 같습니다.

그래도 저자 불명의 그 메시지는 과거보다 오늘날에 더 적절한 메시지라고 생각되었습니다.

『당신은 누군가를 알게 될 때는 그의 기쁨을 알고, 그의 염려거리를 아십시오.

당신이 그가 가지고 있는 무거운 짐을 이해하게 되었을 때 그가 노력하고 있는 것과 그가 안고 있는 문제거리를 알게 되었을 그때, 당신은 어제까지 생각하고 있던 그와는 다른 것을 깨닫게 될 것입니다.

당신은 이름밖에 알지 못할 때에 조롱했던 사람일지라도 그의 결점은 사소한 것이어서 그다지 책망해야 할 것이 아님을 알게 될 것입니다.

당신은 멀리 있는 이웃의 결점도 재빨리 간파하고, 당신은 그의 실수들을 지적할 수도 있으며, 그를 경멸할 수도 있습니다.

당신이 알지 못하는 사람의 결점에 대해서 말할 때, 당신의 편견은 부풀어 오르고 당신의 미움은 한층 더 격렬해 집니다.

그렇지만, 조금 다가가서 당신의 손과 어깨를 서로 맞닿으면 당신이 미워하고 있던 것은 대수롭지 않다는 사실을 알게 됩니다.

 당신이 누군가를 알게 될 때는 그의 기분과 변덕스러움을 모두 세세히 아십시오. 당신은 그의 성격에서 뛰어난 측면을 발견하게 될 것입니다.

 당신이 그를 이해하게 되어, 그를 조롱거리로 만들거나 경멸하지 않게 됩니다. 왜냐하면 이해하고 있을 때, 이러한 모든 오해하고 있는 것을 우리가 사랑으로 덮을 수 있도록 기도드립니다.

 모든 사람들 안에 있는 그러한 가능성을 끌어내는 이 위대한 모험을 제가 시작할 수 있도록 도와 주시옵소서. 그리고 제가 그렇게 할 때, 내 자신의 가능성도 분명해 질 수 있도록 해 주시옵소서.』

 흑인 성도이며, 과학자인 죠지 카아비(George W. Carver)박사는 미국 남부지방의 농업을 위해, 백인이든, 흑인이든 불문하고 누구보다도 공헌한 사람입니다. 그는 선생님이 이렇게 말할 때까지는 화가가 되고자 했습니다. "죠지, 너희들 흑인은 그림보다도 농업을 필요로 한단다." 그는 붓을 가방에 집어넣고 이젠 몇 년이나 붓을 보려고는 하지 않았습니다. 그는 사람들의 필요에 자신을 헌신했습니다. 이제 그는 어느새 우리 모든 사람의 마음 속에 자신의 모습을 그리고 있습니다. 그는 위대한 것을 위해 자신을 잊고 그 안에 뛰어들었습니다.

조그마한 그대로 있는 것은 매우 간단합니다. 우리의 이상이 작고, 우리의 생각이 작고, 우리의 종교가 작고, 사람들에 대한 우리의 태도가 작고, 우리의 사랑이 작습니다.

　지금 이러한 중요한 시기에, 많은 중요한 문제가 있는 시기에 우리가 위대한 것을 위해서 자기 자신을 잊어버리도록, 나는 하나님께 기도드립니다. 우리는 위대한 것을 위해 자기의 선입관과 편견을 잊어버려야 합니다. 우리가 하나님께 쓰임받기 위해서 우리는 그것을 잊어버려야만 합니다. 내게 사는 것은 그리스도이시며, 그리스도는 사랑입니다.

　다시 한 번 이때 나는 예수님의 말씀을 되새겨 봅니다. 요한복음 13장 34-35절에 이렇게 기록되어 있습니다.

"새 계명을 너희에게 주노니 서로 사랑하라 내가 너희를 사랑한 것 같이 너희도 서로 사랑하라 너희가 서로 사랑하면 이로써 모든 사람이 너희가 내 제자인 줄 알리라"

　당신은 그를 도와준 적이 있습니까?
　그는 인간으로서 한 명의 형제입니다.
　그리고 스스로 질 수 있는 모든 무거운 짐을 지고 있습니다.

당신은 그가 당신으로부터 필요하여 구하는 것을 알려고 했습니까?

　그렇지 않으면 정확히 필요한 때에 조금 도와 준 것만으로 모든 것이 원만하게 될지도 모르는 때, 당신은 그가 발버둥치는 그대로 방치해 두었습니까?

　그 싸움에서 패배해 버리는 것이 왜인지 당신은 알고 있습니까?

　기억하십시오. 당신은 하나님의 자녀이며, 당신에게 사는 것은 그리스도이며, 그리스도는 사랑입니다.

33. 불리한 약점

아침에 이 편지가 배달되었습니다.

『친애하는 쿨만씨에게

 나는 온 종일 자살하는 것에 대해 곰곰히 생각했습니다. 나는 더 이상 살아갈 수 없기 때문입니다. 나는 85세의 사랑하는 어머니를 잃었습니다. 하나님께 배반당한 것같은 마음이 듭니다. 지금 나는 전혀 의지할 데는 없습니다.

 어머니는 행복한 삶을 사셨습니다. 경건한 어머니로서의 완벽한 본보기였습니다. 그래도 나는 어머니가 몇 년간이라도 더 사시길 원했습니다. 나의 네 자매와 어머니와 함께 생활했습니다. 우리는 언제나 어머니와 함께 앉고, 어머니와 함께 이야기를 나누었습니다. 하지만 지금은 할 것이 없어서 매우 괴롭습니다. 나는 더 이상 살아갈 수 없을 것 같은 느낌입니다.

나는 사무직에서 일하고 있지만, 지금 그것은 중요하지 않습니다. 나의 믿음이 회복될 수 있도록, 부디 기도해 주세요. 당신의 도움이 필요합니다.』

나는 그 편지를 읽으면서 이 남성과 얼굴과 얼굴을 마주보고 서서 당신은 내가 지금까지 편지를 받아온 것들 중에 가장 은혜를 모르는 사람들 중 한 사람입니다 라고 말해주고 싶어졌습니다.

나에게도 어머니가 있습니다. 나만큼 자기 어머니를 사랑한 여자 아이는 없었을 정도입니다. 그래도 미주리주 캔자스시티의 병원에서 어머니가 마지막 숨을 내쉬셨을 때, 나는 어머니의 침대 곁에 조용히 무릎을 꿇고 앉아서 내가 어머니와 함께 생활해 온 수 년을 하나님께 감사드렸습니다.

하나님의 자비와 긍휼 가운데서 몇 년 더 이상 고통받는 것없이, 은혜스럽게 어머니를 취하여 주신 것을 나의 하나님께 감사드렸습니다.

그래서 나는 그 편지를 쓴 사람에게 말합니다.

"당신이 오랫동안 당신의 어머니와 함께 생활할 수 있었던 것을 하나님께 감사하십시오. 어머니가 별세했을 때는 85세였다고 했습니다만, 그것은 거의 모든 사람들보다 장수한 것입니다. 어른이 되십시오. 상황을 똑바로 보십시오. 당신에게 무엇이 일어났는가는 그다지 중요하지 않습니다. 그것이 일어난 후에 어떻게 대처하는가, 그것이 결과를 결정하는 것입니다."

인생이 사람을 갉아먹던가, 아니면 그 사람을 닦아 내는가는 그 사람이 어떤 사람인가에 달려 있습니다.

어떤 남성이라도, 어떤 여성이든, 자기 인생의 어떤 재앙에서도, 그것을 사용하려고만 한다면, 하나님을 위해 유익한 것이 될 수 있습니다.

분명히 그렇습니다. 우리 모두에게는 자기의 슬픔이 있습니다. 우리 모두에게는 자기의 비통해 하는 것이 있습니다. 우리 모두에게는 여러 가지 불리한 약점들이 있습니다.

우리가 가지고 있는 그 불리한 약점들 가운데서 은혜를 발견한다는 것은 어려울 수도 있습니다. 그렇지만 하나님은 당신에게 그 은혜를 주십니다. 하나님은 당신에게 그 능력을 주십니다. 당신은 그것을 구하기만 하면 됩니다.

클리포드 비어스(Clifford Beers)는 한때 정신병원에 입원해 있었지만, 나중에 "자신을 발견한 마음(A mind that found itself)"이라는 책을 저술했으며, 정신위생 전국위원회를 창설했습니다.

오늘날 사회가 정신적인 면에서 혼란해 있는 이유들 중 많은 것은 인간 스스로가 정신적으로 혼란해 있기 때문입니다.

 허리가 골절되어 뼈가 분리되어 있던 또 다른 남성이 있었습니다.
 날마다 침대에 누워 벽지만 바라보고 있던 동안, 그는 스케치를 하는 화가가 되려는 생각을 품었습니다.
 그리고 그는 매우 성공한 화가가 되었습니다. 그는 자기의 불리한 약점 가운데서 은혜를 발견했던 것입니다.
 어느 시인이 사람들 앞에서 처음 시를 낭송하고 실패하게 되었습니다. 그날 밤, 그는 내일 모두가 자기를 손가락질하며 경멸할거라고 생각했습니다.
 그는 집에 돌아와서, 사람이 실패했을 때에 거기서 얻게 되는 능력에 대한 시이자, 그의 가장 영감받은 시를 쓰게 되었습니다. 그 시는 양손과 양발이 없이 병원에 입원해 있는 한 남성의 손에 들어가게 되었습니다. 그는 그 시에 크게 감동받고, 매우 성공적인 시 낭송가가 되었습니다.

 모두가 자신의 불리한 약점 가운데서 은혜를 발견한 경우입니다. 메어리 맥크라켄(Mary McCraken) 박사는 소아마비로 하반신이 완전히 부자유한 상태였습니다. 미국의 여러 의과대학은 그녀가 운동할 수 없다고 하여 그녀가 의학 공부하는 것을 허가해 주지 않았습니다. 그녀는 어떻게 했을까요? 그녀는 중국에 가서 거기서 의학 공부를 했습니다. 그녀는 북경에 있는 의과대학에서 최우수 학생이 되었습니다. 그리고 그녀는 의학 공부를 거절당했던 필라델피아에 돌아왔습니다. 그리고 장애 어린이를 위한 병원에서 치료하는 일을 시작하였습니다.

바울이 기록한 가장 아름다운 저작들 중에서 이런 구절이 있습니다.

"나 바울은 친필로 문안하노니 내가 매인 것을 생각하라 은혜가 너희에게 있을지어다" (골 4:18)

오, 확실히 여러분은 그가 다음과 같이 말하는 것을 기대하고 있었을 것입니다. "나는 옥 중에 있습니다. 하나님 나에게 은혜를 주시옵소서" 그러나 그는 그렇게 하지 않으셨습니다. 그는 그것을 다른 방식으로 표현했습니다.

"나는 옥 중에 있습니다. 은혜가 여러분과 함께 있도록 나는 내 자신의 불리한 약점 중에서 은혜를 발견해 왔습니다. 단지 은혜 뿐만이 아니라, 충분하여 나누어 줄 수 있는 정도의 은혜였습니다. 나는 여러분에게 그것을 전합니다."

매우 중요한 것은 당신에게 무엇이 일어나는가 하는 것이 아닙니다. 그것이 일어난 후에 당신이 어떻게 대처하는가 하는 것이 결과를 결정합니다. 그리고 나는 상한 마음으로 편지를 써보낸 분께 말씀드립니다.
　"자살할 생각을 하는 대신 밖에 나가서 위로를 필요로 하는 사람을 위로해 주십시오."

　내가 올라가야만 했던 모든 산을 인하여,
　나의 발을 상처나게 한 모든 돌로 인하여,
　모든 피와 땀과 먼지를 인하여,
　앞을 내다볼 수 없을 정도의 폭풍과 타오르는 듯한 열기를 인하여,
　내 마음은 감사의 노래를 부릅니다.
　그런 모든 것들은 나를 강하게 해 주었기 때문입니다.
　모든 마음 아픈 것과 눈물, 그리고 모든 괴로움과 아픔을 인하여,
　어둠의 날들과 열매 맺지 못했던 수년 간을 인해,
　또 내가 헛되이 살아왔던 희망들을 인하여 나는 진실로 감사드립니다. 왜냐하면, 이제는 내가 알기 때문입니다. 그 모든 것들이 나의 성장을 도와 주었다는 것을.

　그것은 인생의 즐거움이 아닙니다.
　혹독한 역경과 분투야말로 인간의 의지를 자극해 주

는 것입니다.
 장미꽃이 아로 새겨진 길은 약한 자는 기어갑니다.
 그러나 용기있는 자는 감히 험한 곳을 올라갑니다.

34. 돈으로 살 수 없는 것

열두 살 짜리 소년이 자기 아버지의 사진을 편지와 함께 보내왔습니다. 그는 다음과 같이 써서 보냈습니다.

『친애하는 쿨만 여사님.

오늘은 우리 아버지의 생일입니다. 아버지는 볼링 신발을 갖고 싶다고 말했습니다. 그것은 간단히 드릴 수 있는 선물이지만, 아버지가 가지고 싶어하는 것을 드리는 대신, 나는 기도하고 있습니다. 하늘 아버지께서 아버지에게 생일선물(아버지가 구원받는 것)을 주시도록 말입니다.

쿨만 여사님은 아시겠지만, 나는 세상에서 다른 어떤 것보다도 아버지가 예수님께 마음을 드리길 바라기 때문입니다. 나는 아버지가 일하고 있는 모습의 사진을 보내드립니다.

쿨만 여사님, 최근에 나는 빠른 시일 내에 아버지를 당신께 소개해 드릴 수 있게 되길 희망하고 있습니다. 아버지는 아주 좋은 분입니다.

대니(Danny)로 부터』

 열 두살 소년입니다. 나는 그의 아버지 사진을 보았습니다. 그의 아버지는 선량해 보이는 분으로 목수들이 입는 작업복을 입고 있었습니다. 소년의 아버지를 보고 말씀드릴 수 있는 것은 그는 자기의 조그마한 아들의 필요를 위해서라면 기꺼이 몸이 닳기까지 일할 것입니다.

 그는 돈을 벌어 식탁 위에 올릴 음식을 사고, 그 소년이 신을 신발을 사고, 그 소년이 입을 옷도 사고, 그를 위한 좋은 집을 준비하고, 잠을 잘 수 있는 좋은 침대를 구비하고, 돈으로 구입할 수 있는 어떤 것이든 준비하는 것으로서 자기는 훌륭한 아버지라고 생각하고 있습니다.

 그렇지만 여기엔 표적을 놓치고 있는 한 아버지가 있습니다. 그는 돈에 가치를 두는 안목으로 밖에 보고 있지 않습니다. 그의 열두 살 아들은 훨씬 뛰어난 지혜를 가지고 있습니다. "아버지는 … 볼링 신발을 갖고 싶어 하십니다… 그것은 간단히 드릴 수 있는 선물입니다."

 그것이 간단한 이유는 돈으로 살 수 있는 것이기 때문입니다. 그렇지만 이 소년이 아버지에게 바라는 것은 온 세상의 돈을 다 가져도 살 수 없는 것입니다.

돈밖에 가지고 있지 않는 사람은 가난한 자입니다.

돈이라는 안목으로 밖에 볼 수 없는 사람은 가난합니다. 나는 돈이 귀중한 것이라는 사실을 가볍게 생각하는 것은 아닙니다. 돈은 중요합니다. 그러나 교회조차도 축복을 물질적인 것으로 여기는 시대가 왔습니다.

돈이 선한 봉사자(good servant)이긴 하지만, 매우 어설픈 봉사자(a mighty poor master)입니다.

돈은 어느 누구 한 사람도 행복하게 한 적은 없습니다. 앞으로도 역시 그렇습니다. 돈의 속성에는 행복을 산출하는 요소는 전혀 없습니다. 사람은 돈을 많이 가지면 가질수록 더욱 더 가지고 싶어집니다. 그것은 공허한 곳을 채워주는 대신, 오히려 공허함을 만들어 냅니다. 만일 그것이 결핍을 한 번 만족시킨다면, 다른 방법으로 그 결핍을 두 배 세 배로 확장시켜 버립니다. 돈을 가지지 못한 사람들에게 돈이 가치 없다면, 돈을 가진 사람에게도 거의 가치가 없는 것입니다.

생각해 보십시오. 돈과 시간은 인생에서 가장 무거운 짐입니다. 가장 불행한 사람이란, 그 사용법을 알고 있는 사람들이 아니라, 어느 쪽인가를 보다 많이 가지고 있는 사람들입니다.

돈으로 살 수 없는 것에 대해 지금까지 생각해 보신 적이 있습니까? 돈으로는 열 두 살 소년이 가진 사랑을 살 수 없습니다.

돈으로 인기는 살 수 있습니다. 돈으로 사람들로부터 환심을 살 수 있습니다. 돈으로 아첨을 살 수도 있습니다. 그러나 돈으로 소년의 사랑을 사는 것은 불가능합니다. 돈은 선량한 여인의 사랑을 살 수 없습니다. 선량한 여인의 사랑은 살 수 있는 것이 아닙니다.

**"누가 현숙한 여인을 찾아 얻겠느냐 그의
값은 진주보다 더 하니라"** (잠 31:10)

돈으로 젊은 여성의 달콤한 말을 살 수 있을런지는 모르겠습니다. 돈으로 신실하지 못한 애정을 살 수 있을런지도 모르겠습니다.

그러나 온 세상의 돈을 다하여도 착한 아내의 순수하고 신실하며, 욕심없는 사랑을 살 수는 없습니다.

진실로 그렇습니다.

당신은 세계에서 가장 부유한 사람일지도 모르지단, 돈으로 평안을 살 수는 없습니다.

나는 나이를 먹으면 먹을수록 점점 더 마음의 평안을 귀하게 여깁니다. 마음의 평안을 가진 채로 하루 해를 마감할 수 있는 것은 이 세상에서 가장 큰 보물입니다. 그것은 값을 환산할 수 없을 정도로 가치있는 것입니다. 밤에 몸을 누이고 눈을 감고 잠들기 전, 그 최후의 순간에 마음의 평안을 가질 수 있는 것은 인생에서 최고의 선물입니다. 한밤중에 눈을 뜨고 깨어서도 마음의 평안을 가진 채로 절대적 고요 가운데 몸을 누일 수 있는 것은 돈으로는 살 수 없는 것입니다.

그러나 제 말을 들어 보십시오. 대부분의 사람은 왕이 소유한 재산 만큼의 돈을 지불해도, 여러분처럼 천국에 갈 수는 없습니다.

나는 마치 꿈을 꾸고 있듯이 천국의 문을 통하여 들여다 보았습니다. 나는 한 천사 곁에 서 있고 천사는 길을 지키기 위해 그곳에 있는 것 같았습니다. 그리고 내가 거기 서있으니 어떤 부자의 영이 와서 돈으로 안에 들어가는 허락을 얻어내려고 했습니다.

돈, 과거에 그는 그것으로 위신을 샀습니다. 과거에 그는 그것으로 정치 권력을 샀습니다. 과거에 그는 그것으로 지상에서 가장 좋은 클럽의 회원권을 샀습니다.

그리고 그는 그 천사에게 자기의 부와 지상에서 모았던 막대한 보물에 대해 이야기했습니다. 그렇지만 그 천사는 손가락으로 황금을 가리켜서 이렇게 말할 뿐이었습니다.

"아, 우리는 저것(gold)으로 도로를 포장하고 있다. 네가 가지고 있는 것으로는 천국을 잠시 들여다보는 것조차도 부족하다."

사랑하는 여러분, 여러분이 온 세상의 모든 부를 다 소유하고 있어도 여러분이 이 세상을 손에 넣을지라도 그것으로 여러분은 천국에 가는 것은 불가능합니다. 하나님의 독생자 예수 그리스도의 보혈이 필요합니다.

 지금 이 시대에 살고 있는 아무리 가난한 남성이라도 아무리 가난한 여성이라도 거기에 갈 수 있습니다.

35. 약점은 변명이 안된다

나는 사람들이 거듭 거듭 이렇게 말하는 것을 듣는 것을 매우 싫어합니다.

"나는 태어나면서부터 이런 인간으로 만들어져 있습니다. 나는 이렇게 태어났습니다. 이것이 지금의 나입니다. 나는 약하기 때문에 어쩔 수가 없습니다. 나는 언제나 그럴 것입니다."

사람들의 문제를 듣는 것이 나의 생활입니다. 내가 길을 걸어가면 반 블록도 못가서 누군가가 나를 불러 세우고 자신의 문제를 나에게 말하기 시작합니다. 정확히 그렇습니다.

언제나 그들은 자신의 어려움들과 실패들, 그리고 패배를 누군가 다른 사람의 탓으로 돌립니다. 그들은 참으로 얼마나 자주 자기가 범한 죄를 자기의 약함 때문이라고 변명해 왔는지, 결론적으로 그들은 이렇게 말하고 있는 것입니다.

"이것이 나의 약점입니다. 이것이 나의 약함입니다."

그렇지만 왜 그것이 여러분의 약점이어야만 하는 걸까요? 왜 여러분은 자기가 어느 정도 약하지 않으면 안 된다고 하는 사고방식을 받아들이는 것일까요?

하나님이 인간의 몸을 만드셨을 때, 결코 누구의 몸 안에도 연약함을 넣지는 않으셨습니다. 만일 연약함이 성장해 왔다고 한다면, 우리가 그것을 성장시켜 왔기 때문입니다.

어느 남성은 "여성"이 자신의 약점이라고 말합니다. 그러나 하나님이 그것을 그 사람 안에 두신 적은 없습니다. 그 사람이 여성에게 약하다고 하는 것은 자기 자신이 성장시키고 촉진해 온 것입니다.

또 다른 사람은 자신의 약점은 술이라고 말합니다. 그렇지만 그 사람이 술에 약하다고 하는 것은 자신이 그것을 키웠기 때문에 커져 온 것입니다.

어느 날 한 남자가 나의 사무실에 앉아서, 자기는 도둑질을 하지 않으면 안되었다고 실제로 말하는 것이었습니다. 그것은 그의 인생에서 가장 스릴 넘치는 것이었습니다. 그는 그것을 할 수밖에 없었다고 말했습니다. 그리고 그는 이 죄를 변명하고 자신은 이 점이 약하다고 말했습니다.

하나님은 이 남자 안에 약함을 두신 적이 결코 없습니다. 훔치고 싶다는 이 약점이 성장해 왔다고 한다면 그것은 그 남자 자신이 소년시절부터 스스로 그것을 성장시켜 왔기 때문입니다. 아마, 나쁜 친구들과 사귀어온 결과이겠지요.

내가 여러분에게 말씀드리고 싶은 것은 어떤 권능이 존재하며 그것은 어떤 남자이든, 어떤 여자이든 그것으로 자신의 약점을 극복할 수 있는 권능이라고 하는 것입니다.

이전에는 전혀 희망이 없는 상태였는데, 놀랍고 유능하고, 신뢰할 수 있는, 그리고 성공한 사람들을 나는 지금까지 줄곧 보아왔습니다. 그러한 출발점은 이것입니다.

"그런즉 누구든지 그리스도 안에 있으면 새로운 피조물이라 이전 것은 지나갔으니 보라 새 것이 되었도다"

여기에 있습니다. 읽어보십시오. 고린도후서 5장 17절입니다.

그리고 권위는 지금까지 기록된 것 가운데서 가장 신뢰할 수 있는 책으로부터 옵니다. 그것은 하나님 자신으로부터 옵니다.

의심할 바 없이, 이것이야말로 인간의 생각 안에서 일어나는 가장 위대한 사상입니다. 철학자 데카르트의 "나는 생각한다. 고로 나는 존재한다."보다도 훨씬 위대합니다. 그것은 여러분과 나는 새롭게 될 수 있음을 의미하고 있습니다. 몇 년씩이나 우리를 괴롭게 해 왔던 이러한 모든 오래된 약점은 제거될 수 있는 것입니다.

누군가가 말했습니다. "어머, 그녀는 우리가 종교를 껴안기를 원해요." 종교를 믿는 것 같은 그런 이상한 것을 하더라도 해결은 되지 않습니다. 정말입니다. 장로교인이 된다고 해서 당신이 죄에서 구원받는 것은 아닙니다. 그것은 기쁨을 앗아가버리게 될지도 모르지만, 교회에 다닌다고 해서 당신은 죄에서 구원받는 것은 아닙니다. 생활의 일부밖에 변하지 않는 많은 사람들의 어려운 점은 참으로 바로 그것입니다. 그들의 기쁨은 떠나버렸습니다. 그러나 죄를 범하는 사실은 그렇지 않고 아직 여전히 거기 있습니다.

허무하게 죄를 계속 범하는 생활에 빠지는 것에는 기쁨이 전혀 없습니다. 충분히 종교적인 사람은 죄를 범함으로 자기를 비참하게 하며, 너무 종교적이 아닌 사람은 구세주를 방패막이로 하여 자기 멋대로 합니다.

그러면 장애물은 어디에 있습니까?

기독교가 가져올 수 있는 최선의 것이 바로 이것입니까?

현대의 신학자 중에는 솔직히 그렇다고 말하는 사람들도 있습니다. 그리고 그들은 "하나님, 우리에게 긍휼을 베푸소서"라고 중얼거리면서 돌아다닙니다.

어떤 아이가 집안을 돌아다니면서 "아버지 어머니 나를 불쌍히 여겨줘요. 부탁이에요. 나를 불쌍히 여겨주세요."라고 계속 말한다고 가정해 보십시오. 무슨 의미인지 이제 아시겠습니까? 그러한 태도는 부모와 자녀 사이의 관계를 매우 효과적으로 방해하게 됩니다.

그것과 정확히 동일하게 하나님은 우리가 스스로 계속해서 죄의식만 느끼고 있는 것을 원하시지 않고, 하나님의 관대하심, 하나님의 선하심, 하나님의 사랑, 하나님의 용서를 우리가 강하게 의식하길 원하고 계십니다.

자기 자신이 아닌 하나님을 의식하길 원하십니다.

단도직입(單刀直入)적으로 말씀드리겠습니다.

회개의 태도를 취하여야 합니다. 그것은 어쨌든 그렇게 하지 않으면 안되며, 결심하고 해야 하는 것입니다. 그렇지만 회개함으로 우리는 참회(penance)하는 것이 아니라, 용서를 받는 것입니다.

그러고 나서 우리는 용서 받음에서 교제로 인도되어지며, 그 교제로부터 기쁨으로 인도받는 것입니다. 구원의 기쁨으로 말입니다.

그 사람은 하나님의 은사를 받고, 그리스도 예수 안에서 새로운 피조물이 되었습니다. 낡은 것들은 모두 지나갔습니다. 보십시오. 모든 것이 새롭게 되었습니다.

당신은 지금 하나님과 화해했습니다. 당신은 오래된

옛 사람을 벗어버렸습니다. 당신은 자신의 약함을 의식하고 있을지도 모릅니다만 당신은 당신을 지탱해 주는 강한 능력을 더 많이 의식하게 됩니다.

"내게 능력 주시는 자 안에서 내가 모든 것을 할 수 있느니라"(빌 4:13)

나의 친구여, 이러한 말씀들 안에 패배는 전혀 없습니다. 그 약속 안에는 약함의 여지가 전혀 없습니다. "나는 모든 것을 할 수 있습니다." 모든 것입니다.

"그리스도를 통하여" 이 능력은 어디에서 옵니까?

"내게 능력 주시는 그리스도"로부터 옵니다.

그리스도를 구주로 영접한 남자와 여자들, 모든 약함 모든 두려움, 그리고 모든 패배를 이기고 그것들을 극복하는 사람에게는 능력이 역사하고 있습니다.

여러분은 자신이 누구에게 속해 있는지를 기억해 주십시오. 나는 그리스도의 것이고, 그리스도에 의해 창조되었습니다. 나는 그분의 것이며, 그분에 의해 구속받았습니다. 나는 이중으로 그분의 것입니다. 원래 가지고 있던 권리로써, 그리고 주님께서 나를 사심(purchase)으로, 나는 그분의 것이고 그분은 나를 지켜주시며, 그분은 나를 교정해 주시며, 그분은 나를 사랑해 주시며, 또 그분은 나를 기뻐해 주십니다.

나는 내가 사랑하는 분의 소유이며, 그분의 뜻이 아니라면, 어느 누구도 나를 지배할 권리도 능력도 가지고 있지 않습니다. 그분은 나의 소유이며, 나의 모든 소유는 그분의 것입니다. 나의 모든 죄도, 나의 모든 연약함도, 나의 모든 정죄(condemnation)도, 나의 모든 비참함도, 나의 모든 두려움도, 나의 모든 결점도, 나는 그분께 드렸습니다. 그런 모든 것들은 그분의 것입니다.

 그분의 권능이 나의 권능이며, 그분의 의가 나의 의이며, 그분의 지혜, 그분의 거룩함, 그분의 구원 그리고 그분의 하나님이 나의 하나님입니다. 그분의 아버지가 나의 아버지입니다. 그분의 형제들이 나의 형제들입니다. 그리고 그분의 하늘이 나의 집입니다. 왜냐하면 나는 그분께 속해있으며, 그리고 그분이 나의 것이기 때문입니다.

36. 나의 최초의 치유

나에게는 더할나위없이 완벽한 아버지가 있었습니다. 내 눈에 비친 아버지는 무엇이든 잘못할 수 없는 사람이었습니다. 아버지는 나의 이상(ideal)이었습니다.

아버지는 나에게 한 번도 매질을 한 적이 없습니다. 아버지는 한 번도 그래야할 필요가 없었습니다. 아버지는 단지 얼굴에 어떤 표정을 떠올리는 것만으로도 충분했습니다. 어머니는 필요하다면, 주저하지 않고 때렸습니다. 그렇지만 아버지는 내가 아버지를 상처받게 한 것을 내가 알게 함으로 나를 징계했습니다. 그리고 그것은 어머니의 어떤 매질보다도 훨씬 나를 강하게 아프게 했습니다.

내가 아직 어린 소녀였을 때, 나의 귀가 매우 아플 때가 자주 있었습니다. 어머니는 내 귀에다 올리브 기름을 바르고 가정에서 할 수 있는 치료는 무엇이든 해주었습니다. 그러나, 통증을 완화시키는데 가장 효과있었던 것은 아버지가 일을 마치고 돌아와 흔들의자에 앉아 나를 무릎에 태우고 내 귀의 아픈 곳을 아버지 어깨에 닿게하여 기대는 것이었습니다.

나의 아버지 죠 쿨만은 미주리 주 콘코디아라는 작은 읍의 읍장이었습니다. 전에는 농부였지만, 그후에 거기로 이사해 왔던 것입니다. 그리고 나는 어머니와 아버지의 네 자녀들 중 세 번째로 거기서 태어났습니다.

내가 열 네 살되던 해, 감리교회(어머니의 교회)에서 거듭남의 체험을 하고 침례교회(아버지가 다니던 교회)에서 침례를 받았습니다. 2년 후 나는 복음전도자로서 소명을 받았습니다.

내가 맨 처음으로 설교한 곳은 아이다호 주에서였습니다. 나는 여러 지역을 다녔고, 히치하이킹(차를 얻어 타는 것)을 해야 했을 경우도 가끔 있었습니다. 나는 비어있는 건물을 찾아내어 집회를 광고하고 의자를 놓고 그리고 사람들이 왔습니다. 그들은 호기심으로 붉은 얼굴의 십대 소녀 설교자를 보러 왔던 것이었습니다.

폐옥처럼 된 교회를 발견하면 나는 책임자를 찾아내어 그리고 집회를 열 수 있도록 허락해 달라고 요청했습니다.

대개 나의 집회에 오는 사람들은 불과 몇 명뿐인 아이다호의 농부들이고, 그 교회를 나에게 사용하도록 해주는 유일한 이유는 정규 설교자를 초빙할만큼 경제적 여유가 없었기 때문이었습니다.

때때로 나는 누군가의 집의 손님으로나, 혹은 내가 스스로 찾은 조그만 셋방에서 잠을 자곤 했습니다.

또 달리 갈 곳이 없었을 때, 한 번은 칠면조 장에서 잤던 적도 있습니다.

그때는 작은 마을의 교차로에 있는 쇠락한 어느 교회에서 밤 집회를 열고 있을 때였습니다. 그렇지만, 나는 열정으로 가득차 있었으며, 하나님을 위해, 세계를 핥아버릴(lick) 수 있다고 느끼고 있었습니다.

단 한 가지 내가 유감스러웠던 것은 아버지는 내가 설교하는 것을 한번도 들으신 적이 없는 것이었습니다.

아버지가 회중들 가운데 있으며, 딸이 강단에 서 있는 것을 보는 날을 나는 갈망했습니다.

거의 일년이 지나서, 나는 어떻게 변통하여 집에 돌아왔습니다. 여행하는데는 돈이 들고 광고 전단지를 구입하거나 신문광고에도 사사건건 돈이 필요했습니다.

나는 부모님이랑, 아직 집에 있던 여동생과 함께 며칠간 즐거운 여름을 보냈습니다.

그리고 나는 또 나갔습니다. 그해 12월에는 콜로라도 주에 도착해 있었습니다. 가족으로부터 떠나서 두 번째 크리스마스였지만, 설교 요청이 들어오기 시작했으므로, 멈출 수는 없었습니다.

덴버에서 열렸던 최초의 집회는 챰파(champa) 거리에 있는 비어있던 점포건물에서 였는데, 목재상에 부탁하여 의자를 만들 재료를 공급받았습니다.

    세인트 프란시스 호텔의 소유주인 홀름키스트(Holmquist) 부인이 일주일 간 4달러로 416호실을 내게 묵게 해주었습니다.

    전화가 울렸던 것은 크리스마스가 지난 화요일 오후 4시 30분이었습니다. 그 음성으로 전화를 건 사람은 옛 친구이며, 집에서 걸려온 것임을 알았습니다. "캐트린, 너의 아버지가 다쳤단다. 사고가 났단다." "다쳤다고… 심각해?" "그래"하고 그녀는 말했습니다.

    "지금 곧 돌아갈테니 아버지께 말해줘. 집에 간다고"

    나는 V-8형 포드 중고차를 구입해 있었습니다. 뒷자리에 물건을 조금 던져넣고 출발했습니다.

    그 얼어붙은 도로를 어느 정도 속도로 달렸는지는 하나님만 아시지만, 나는 아버지 외에는 아무것도 생각할 수 없었습니다. 아버지는 나를 기다리고 있었습니다. 아버지는 내가 가고 있는 것을 아셨습니다.

    콜로라도를 나와 캔자스에 접어들 무렵은 날씨가 나빠졌습니다. 도로는 얼음과 바람에 흩날리는 눈으로 뒤덮여 있었지만, 나는 멈추고 식사를 하거나 수면을 취하지도 않았습니다.

캔자스 시티에서 일 백마일 떨어진 격리된 고속도로 옆에 있는 전화국에서 멈추고 전화를 걸었습니다. 벨레 숙모가 받았습니다. 나는 말했습니다. "저는 캐트린이에요. 거의 집에 다왔다고 아버지께 말해주세요."

　"그러나 캐트린" 벨레 숙모는 쇼크를 받은 목소리로 말했습니다. "아직 못 들었어?"

　"못 들었어요. 말해주세요. 무엇인지" 나는 가슴 속에서 심장이 거세게 몰아치는 것을 느끼면서 말했습니다.

　"네 아버지는 돌아가셨단다. 방학으로 집에 와있던 대학생이 몰던 차에 받혔단다. 거의 곧바로 아버지는 돌아가셨어."

　나는 망치로 얻어맞은 듯한 느낌이었습니다. 말하려 해도 말이 나오지 않았습니다.

　내 이는 격렬하게 으드득하고 있었고, 내 양손은 떨렸습니다. 나는 소용돌이 치는 눈발에 둘러싸인 그 쓸쓸한 전화실 안에 그렇게 서 있었습니다.

　에이는 듯한 바람으로 뺨을 타고 내리던 눈물이 얼어붙고 나는 비틀거리면서 나의 중고차로 돌아와 다시 집을 향해 출발했던 것밖에는 생각나지 않습니다.

　"나는 거기 가야 한다. 사실은 이제 그럴 필요는 없을지도 모르지만"하고 나는 생각했습니다.

　그 이후의 여정은 마치 악몽과도 같았습니다. 고속도로는 얼음으로 미끄러워져 있었습니다. 도로 위에는 내 자동차 뿐이었습니다. 밤이 되어, 내 자동차의 헤드라이트 빛이 휘몰아치는 눈벽에 부딪혀 나에게로 되돌아 왔습니다. 나는 울면서, 차가 도로 밖으로 벗어나지 않도록 애쓰며 운전하고 있었습니다.

"아버지가 죽으실 리가 없어. 그것은 나쁜 꿈일 뿐이야. 그런 것은 무시하기만 하면 그것은 사라질거야."

그렇지만 그것은 사라지지 않았습니다. 내가 집에 도착해보니 넓은 도로에 접해있는 크고 흰 우리 집 현관방 안에서, 아버지의 시신은 열려진 관 안에 안치되어 있었습니다. 나는 2층 침실에서 혼자 앉아서 현관방으로 들어가서 아버지를 보려고 하지 않았습니다. 현관 베란다에서 조용한 발자국 소리가 들리고 집 주위로부터는 속삭이는 듯한 이야기 소리가 들렸습니다.

만일 내가 거기 들어가 아버지의 시신을 본다면, 돌연 아버지의 죽음이라는 현실에 직면해야만 한다는 사실을 나는 두려워하고 있었습니다. 이 악몽에서 깨어나서, 그것이 모두 진실임을 알게 된다면, 나의 세계 전체가 붕괴되어 버릴 것 같은 마음이 들었습니다.

그리고 나는 또 하나의 감정과 갈등하고 있었습니다.

증오였습니다. 그것은 마치 화산과도 같이 내 안에 밀려왔습니다. 그리고 방안에 들어오는 누구에게든 아버지의 생명을 앗아가게 한 청년에 대한 독설을 토해냈습니다. 나는 그때까지 매우 행복한 사람이었습니다. 아버지로 인해 나는 행복했습니다. 그러나 이제 아버지는 계시지 않고, 두려움과 미움이라는 어두운 이방인들이 아버지가 있던 자리에 있었습니다.

그리고 장례식 날이 왔습니다. 조그마한 침례교회의 맨 앞줄에 앉아 나는 아버지의 죽음을 아직도 받아들이길 거부하고 있었습니다.

"그런 일이 있을 리 없어. 자기 딸을 그다지도 사랑해 주시고 그다지도 온유하고 관대하신 아버지이신데, 죽으시다니 그런 일이 있을 리 없어."

그 장례식의 설교 후, 마을 사람들이 자리를 떠나 마지막으로 관 속을 들여다 보기 위해 통로를 걸어갔습니다. 그리고 나서 그들은 돌아갔습니다. 교회에는 가족과 일하는 사람들(attendants) 외에는 텅 비어 있었습니다.

나의 가족이 한 사람씩 자리에서 일어나서 관까지 종렬(縱列)로 줄지어 나란히 섰습니다. 어머니와 나의 두 자매. 그리고 나의 오빠가 나란히 서 있었고, 나만 자리에 그냥 남겨져 있었습니다. 장례식을 안내하는 사람이 내 쪽으로 걸어와서 말했습니다.

"캐트린씨, 관을 닫기 전에 당신의 아버지를 보시겠습니까?"

돌연히 나는 그 교회의 앞에 서서 내려다 보았습니다.

내 눈은 아버지의 얼굴이 아니라 아버지의 어깨를 보고 있었습니다. 내가 전에 그렇게도 자주 기대던 바로 그 어깨였습니다. 나는 아버지와 내가 나누었던 마지막 대화를 생각해 냈습니다. 지난 여름. 우리는 뒷마당에 있었습니다. 아버지는 빨래줄 옆에 서서 한 손을 빨래줄로 뻗쳐 있었습니다.

"애야." 하고 아버지는 말했습니다.

"네가 어렸을 때 내 어깨에 네 머리를 문지르며 '아빠, 동전하나 주세요' 하고 말한 것이 기억나는구나"

나는 수긍하며 고개를 끄덕였습니다.

"그리고 아버지는 언제나 주셨지요."

"그것은 네가 졸랐기 때문이야. 그러나 네가 나의 마지막 일 달러를 요구했다고 해도 그것도 네게 주었을 거야."

나는 손을 내밀어 관 속의 그 어깨에 한 손을 얹었습니다. 내가 그렇게 하자, 뭔가가 일어났습니다. 내가 손가락으로 어루만지고 있던 것은 옷뿐이었습니다. 검은 울(wool) 상의 뿐만이 아니라, 그 관 안에 들어 있었던 것은 필요치 않게 된 옷이랑 옛날에는 입었지만 이제는 입지 않게 된 것뿐이었습니다. 아버지는 거기에 없었던 것입니다.

나는 그때까지 일년반 동안 설교해 오고 있었지만, 참으로 그때서야 비로소 죽음에서 부활하신 그리스도의 능력이 내게 임하셨습니다. 돌연히 나는 더이상 죽음을 두려워하지 않게 되었습니다. 그리고 나의 두려움이 없어진 것처럼, 나의 증오심도 없어졌습니다. 이것이 나의 최초의 치유의 경험이었습니다.

아버지는 죽으시지 않으셨습니다. 아버지는 살아계셨습니다. 두려워하거나 미워할 필요는 이미 전혀 없었습니다.

아버지의 시신이 매장된 콘코디아의 그 조그마한 묘에 나는 지금까지 몇 번이나 갔었습니다. 눈물은 흘리지 않았습니다. 슬픔은 없습니다. 마음의 아픔도 없습니다. 왜냐하면 그날 아침 나는 교회에서 사도 바울의 말이 진실임을 알았기 때문입니다.

"몸을 떠나 주와 함께 있는 그것이라" (고후 5:8)

그것은 수년이나 지난 과거의 일입니다. 그때 이후로 나는 헤아릴 수 없을 정도의 많은 사람들과 함께 열린 무덤에 서서 내 안에 살아 있는 희망을 나눌 수 있게 되었습니다. 이때까지 나는 여행과 사역과 설교를 할 수 있는 기회들이 있었으며, 놀라운 산정(山頂)의 경험을 해왔습니다. 그렇지만 여러분도 아시다시피 성장은 산정에 있을 때 오는 것이 아니라, 골짜기에 있을 때 오는 것이었습니다. 그것은 맨 처음의 골짜기였으며, 가장 깊고, 가장 의미있는 골짜기였습니다.

오늘날 내가 집회에서 여러 가지 종류의 질병들과 필

요를 직면하여 맞선 시간 후, 무대에서 걸어나와 나는 착의실(dressing room)로 갑니다. 그리고 그 순간 나는 이상한 느낌을 가지는 순간들이 자주 있습니다.

아버지가 그곳에 계시는 느낌이 드는 것입니다. 아버지는 내가 설교하는 것을 지상에서는 한 번도 들으신 적이 없었습니다만, 아버지는 자신의 딸이 주를 위해 훌륭한 일을 하고자 노력하고 있다는 사실을 알고 계심을 나는 압니다. 또 아버지는 이제는 내가 하늘 아버지의 어깨에 나의 머리를 언제나 기댈 수 있다는 것을 알고 있으며, 내가 예수 그리스도를 통하여 하늘의 모든 축복을 나의 것으로 할 수 있다는 것을 알고 있습니다.

(편집자의 말: "나의 최초의 치유"는 Guideposts 매거진 1971년 9월호에서 발췌한 것입니다)

37. 죽음 후에는?

인간은 몸과 혼과 영으로 이루어져 있는 삼위 일체(Trinity)입니다. 우리가 인간의 이 독특한 측면을 이해하는 것은 어려운 것입니다. 인간의 삼위 일체는 복숭아의 삼위 일체와 닮았을지도 모릅니다. 복숭아의 과육은 우리가 먹는 부분입니다. 복숭아는 우리가 먹거나 통조림을 만들거나, 또 아침에 곡물의 *시리얼(cereal)등에 넣어서 먹는 부분인 과육으로 밖에는 생각되고 있지 않는 경우가 종종 있습니다. 그러나 복숭아 씨앗도 복숭아이며, 복숭아의 인(kernel)도 복숭아입니다. 복숭아는 삼위 일체입니다. 즉, 과육과 씨앗과 인입니다.

인(kernel)은 씨앗이 아니며, 마찬가지로 씨앗은 과육이 아닙니다. 과육과 복숭아의 관계는 사람의 몸과 사람

---

*시리얼(cereal) : 미국에서는 곡류로 된 아침식사를 일컫는데, 오우트밀이나 콘플레크(conflakes)등을 의미한다.

과의 관계와 동일합니다. 우리 한 사람 한 사람은 몸을 가지고 있습니다. 그렇지만 이 육의 몸 내부에는 혼이 거하고 있습니다.

씨앗과 복숭아와의 관계는 혼과 사람과의 관계와 동일합니다. 그렇지만 성경은 또한 혼은 영이 아님을 가르치고 있습니다. 제각기 서로 다르게 나누어져 있는 것입니다.

인과 씨앗과의 관계는 영과 혼의 관계와 동일합니다. 복숭아에서 과육을 취하여 버려도, 인은 여전히 하나의 몸, 즉 씨앗을 가지고 있습니다.

인간의 이러한 혼의 몸(soulish body of man)은 듣고 말하고 생각하며, 느끼고 기억할 수 있습니다. 그러므로 그것은 실제적인 형태(thangible form)를 가지고 있어야 합니다. 나는 옷을 입고 있을 때와 마찬가지로, 내가 옷을 입고 있지 않을 때에도 나 자신임과 완전히 동일한 것처럼 나는 육의 몸을 입고 있지 않을 때에도 완전히 동일한 나 자신입니다.

혼이 몸을 떠나고, 그리고 몸이 땅 속에 매장된 후에도 나 자신은 영원히 살아서 존속하는 것입니다.

나의 육이 죽지만 나의 혼과 영은 영원히 계속 사는 것입니다.

여러분이 혼란해지지 않도록 알기 쉽게 말씀드리겠습니다. 육체가 죽을 때에도, 하나님의 자녀는 계속 삽니다. 만일 당신이 예수 그리스도와 그분의 구원의 권능을 알고 있다면, 당신은 하나님의 상속인이며, 예수님과 공동 상속인입니다. 사람이 소유할 수 있는 가장 위대한 상속물입니다.

가장 위대한 재산, 가장 위대한 보물은 그리스도와 함께 하는 영원한 생명입니다. 바로 이 순간에 그 사람에게 죽음이 찾아온다면, 곧 그 사람의 혼과 영은 멀리 지구에서 주님의 임재 앞에까지 가게 됩니다. 그 사람의 삼분의 이는 순식간에 몸을 떠나게 됩니다. 삼분의 일만이 지상에 남게 됩니다. 복숭아의 과육이 남는 것과 완전히 동일하게 그 사람의 몸도 남게 되는 것입니다.

"몸을 떠나 주와 함께 있는 그것이라"고 바울은 고린도후서 5장 8절에서 말했습니다. 그것은 심장이 최후의 고동을 마치게 되면, 순식간에 일어나는 것입니다.

바로 지금, 내가 여러분께 말하고 있는 동안 만일 나의 심장이 고동을 멈추게 되면, 그리고 몸에서 생명이 떠나가면 그 순간 앉아있던 의자에서 내 몸이 쓰러지기 전에 나의 혼과 나의 영은 아직까지 본 적은 없지만, 내가 사랑하고 동경하며, 섬기는 왕의 임재 안에 있게 되는 것입니다.

당신이 캐트린 쿨만은 죽었다는 말을 듣게 될 때, 그 말을 믿지 말아 주십시오. 내가 거듭난 이상 나는 그분의 임재 안에 있게 됩니다. 나는 그분을 뵈옵게 됩니다. 지상에 남겨지는 것은 단지 일부분 뿐(나의 몸)입니다.

관 속에 뉘어져 있는 것은 복숭아의 과육에 지나지 않습니다. 그리고 나의 몸이 묘 안에 매장될 때, 거기에 들어가는 것은 나의 몸 뿐입니다. 진정한 나는 계속 살고 있는 것입니다.

사랑하는 여러분, 아닙니다. 혼은 잠들지 않습니다. 영은 잠들지 않습니다. 지상의 묘 안에 묻혀지는 것은 몸(body) 뿐입니다.

진정한 나, 영원한 존재인 나의 일부분인 혼과 영을 묘 안에 매장하는 것은 불가능합니다. 죽음은 나를 손댈 수 없습니다. 불이 나를 소진시킬 수 없습니다. 나의 몸만이 묘 안에 들어가는 것입니다. 그리고 이 부분조차도 진정한 나와 다시 합해지게 될 영광스러운 부활의 아침을 기다리게 되는 것입니다.

내가 육의 몸을 아직 입고 있는 한, 나는 아픔과 질병, 그리고 슬픔을 당하기 쉬운 존재입니다. 그것은 타락한 몸(body of corruption)이기 때문입니다. 그것은 죽게 될 몸입니다. 그렇지만 잠시 후 그것은 더 이상 천한 몸이 아니게 됩니다. 그것은 천한 몸으로가 아니라, 예수님의 몸, 우리의 놀라운 예수님의 몸을 닮은 몸으로서 부활하게 될 것입니다.

우리의 죄가 피로 덮여져 있는 영광스런 사실에 대해

우리는 전율합니다. 그렇지만 지금은 썩어야 할 것이며, 죽어야 하는 것이 썩지 않고 죽지 않는 것으로서 일으켜질 때까지는 나의 구속(redemption)은 결코 완성되지 않습니다.

불원장래(不遠將來)에 나는 영광스러운 새로운 몸으로 그분의 영광스러운 임재 안에 서게 될 것입니다. 주님의 나팔이 울려 퍼지고, 그리스도 안에 있는 죽은 자들이 먼저 살아나고 아직 살아있는 사람들이 공중으로 들리워져서 주님과 만나게 될 것입니다만, 그와 같이 나는 항상 주님과 함께 있는 것입니다.

먼저 부르심을 받은 사람들은 우리에게서 분리되어 없어지는 것이 아닙니다. 머지않아 나는 다시 아버지와 만나게 됩니다. 머지않아 나는 다시 어머니와 만나게 됩니다. 머지않아 나는 다시 내가 사랑하는 사람들과 만나게 됩니다.

나는 그 영광스러운 희망을 온 세상의 모든 소유권과도 바꾸지 않을 것입니다. 천국에는 내가 있을 곳이 예비되어 있습니다.

나의 희망은 안전한 것입니다.

나는 갈 준비가 되어 있습니다.

그곳에서 여러분을 뵙겠습니다.

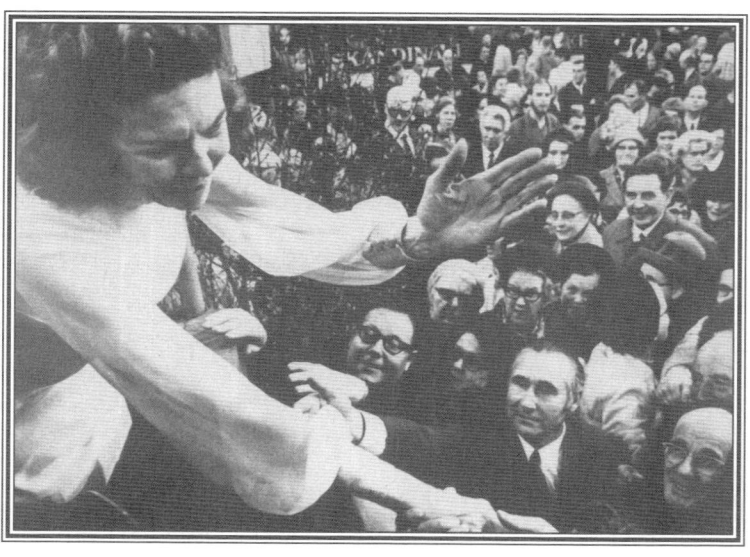

Sweden에서의 설교 중인 Kathryn Kuhlman

이 보배를
질그릇에 가졌으니

인쇄일	2002년 03월 20일
9쇄	2025년 11월 07일
지은이	캐트린 쿨만&제이미 버킹햄
옮긴이	김병수
펴낸이	장사경
해외마케팅 국장	장미야
편집디자인	송지혜, 최복희
펴낸곳	Grace Publisher(은혜출판사)

주소 서울특별시 종로구 종로 65길 12-10
전화 (02) 744-4029 **팩스** 744-6578
출판등록 제 1-618호(1988. 1. 7)

ⓒ 2017 Grace Publisher, Printed in Korea
  ISBN 89-7917-437-3 04230
      89-7917-435-7 04230 (세트)

이 출판물은 저작권법에 의해 보호를 받는 저작물이므로 무단 전재와 무단 복제를 할 수 없습니다.